Yves Saint Laurent

UND WIE ER DIE WELT SAH

Herausgegeben von
Patrick Mauriès und
Jean-Christophe Napias

Vorwort von
Patrick Mauriès

Illustrationen und Gestaltung von
Isabelle Chemin

PRESTEL
München · London · New York

Die Autoren danken der Fondation Pierre Bergé – Yves Saint Laurent und dem Musée Yves Saint Laurent Paris für den Zugang zu ihren Archiven. Besonderer Dank gilt Madison Cox, Präsidentin der Fondation Pierre Bergé – Yves Saint Laurent, und dem Team des Musée Yves Saint Laurent Paris – Elsa Janssen, Marie Delas, Alice Coulon-Saillard, Serena Bucalo-Mussely, Judith Lamas und Domitille Eblé – für ihre unschätzbare Hilfe bei der Vorbereitung dieses Buchs.

Projektleitung: Veronika Brandt
Übersetzung: Dr. Cornelia Panzacchi
Satz und Lektorat: booklab GmbH, München
Herstellung: Luisa Klose
Druck und Bindung: C & C Offset Printing Co. Ltd
Printed in China

978-3-7913-8020-9

www.prestel.de

FSC
www.fsc.org
MIX
Papier | Fördert gute Waldnutzung
FSC® C008047

Penguin Random House Verlagsgruppe
FSC® N001967

INHALT

DIE DREI GESICHTER VON YVES SAINT LAURENT

Wie auf Tizians berühmtem Gemälde *Allegorie der Zeit* sollen die folgenden Seiten die drei Gesichter des Yves Saint Laurent abbilden, jenes Mannes, der sich vom schüchternen, aber entschlossenen Wunderkind in seiner Lehrzeit bei Dior in den souveränen Modeschöpfer der 70er-Jahre verwandelte und schließlich, in seinen letzten Jahrzehnten, zu einem Getriebenen wurde. Ebenso wie die Porträts auf Tizians Gemälde bringen diese Gesichter das Verstreichen der Zeit und die Veränderungen der Persönlichkeit zum Ausdruck.

Ganz offensichtlich gehörte Saint Laurent zu den geborenen Couturiers, er war also einer dieser Menschen, bei denen das Rascheln eines Satinkleids, ein Smokingschnitt oder der Anblick von roten Abendschuhen zu den frühesten Kindheitserinnerungen zählen. Erinnerungen, aus denen in Folge eine schier exzessive Leidenschaft für die Mode entsprang. Es ist kein Zufall, dass sich in den Biografien von so unterschiedlichen Designern wie Christian Lacroix, Jean-Paul Gaultier oder Karl Lagerfeld, einige Zeitgenossen von Saint Laurent, derart ähnliche »Urszenarien« finden.

Was Saint Laurent jedoch von den Kollegen unterscheidet, ist, dass er zu den »Nervösen« gehörte – um einen Ausdruck von Proust zu benutzen, auf den sich Saint Laurent so gern bezog. Besonders waren in der Tat seine ausgeprägte Sensibilität, seine tiefe Einsamkeit, das Gefühl, seine Jugend nicht wirklich gelebt zu haben, sowie die unerfüllbare Sehnsucht danach, sie nachzuholen, was zu schlimmen Exzessen führte. Die extreme Fragilität könnte man, oberflächlich betrachtet, als Charakterschwäche deuten, doch war sie in Wahrheit das genaue Gegenteil davon: Die lähmende Unsicherheit war vielmehr die dunkle Seite eines eisernen Willens, einer in dieser starken

Form seltenen Fähigkeit zur Selbstverwirklichung, eines »unerschütterlichen Vertrauens und der Überzeugung«, das eigene Schicksal zu erfüllen, die ihm die Kraft verliehen, sämtlichen Anfeindungen zu trotzen. (»*In Gedanken sagte ich zu meinen Klassenkameraden: Ich werde mich an euch rächen, ihr werdet nichts sein und ich alles.*«)

In der symbiotischen Beziehung zwischen Saint Laurent und der Mode fällt ein Widerstreit auf (dem man auch bei Chanel oder Balenciaga begegnet): der Gegensatz zwischen der Notwendigkeit zu Erneuerung und Veränderung, dem Antrieb der gesamten Branche, einerseits und dem Heranreifen eines Stils andererseits. Daraus ergibt sich eine ständige Bewegung, mit immer raffinierteren Konstanten, die den Geist und das Werk eines Couturiers prägen. Die schöpferische Arbeit von Saint Laurent folgte stets dem kategorischen Imperativ der Erneuerung und dem Streben, eine endgültige Formel zu vertiefen und neu zu definieren. Dabei fällt der Kontrast zur Vorgehensweise seines ewigen *frenemy* Karl Lagerfeld auf, der sich stets weigerte, sich auf die vorherige Kollektion zu beziehen und eine eigene »Schrift« zu entwickeln. Stattdessen zog er es vor, sich verschiedenen »Einsätzen« im Wortsinn zu widmen und die Codes der Modehäuser, mit denen er zusammenarbeitete, zu verändern, um eine Vielzahl von Kulissen entstehen zu lassen und sich hinter ihnen zu verstecken.

Die Parallele oder, besser gesagt, der Kontrapunkt zwischen den beiden Modeschöpfern ist wichtig, er ermöglicht es, wie auf einem Negativ Saint Laurents Vision herauszuarbeiten. Ebenso wie in Fragen des Geschmacks und des Lebensstils stehen auch in der Mode Lagerfeld und Saint Laurent für gelebte Gegensätze: zentrifugale versus zentripetale Kraft, Launenhaftigkeit versus Selbstbeherrschung, Einfluss der Vergangenheit versus Gegenwartsangst, Nostalgie versus Verdrängung, Risikobereitschaft versus Angst vor Kontrollverlust; und Couture versus Show, hätte Saint Laurent selbst wohl hinzugefügt.

Ein bestimmter Satz von Saint Laurent aber könnte als ihrer beider Basis gewertet werden, zumal Lagerfeld häufig dasselbe Glaubensbekenntnis zum Ausdruck brachte: »*Zu Hause fühle ich mich nur dann wohl, wenn [...] meine Stifte und mein Papier bei mir sind.*« Doch das, was bei dem einen nur ein zusätzliches Element seines Rückzugs war, wurde bei dem anderen zum Vorspiel seiner Sozialisierung.

Dieser Grundzug eines essenziellen Gegensatzes, eines Bedürfnisses, die Gegenwart zu beherrschen und sich gleichzeitig von ihr zu distanzieren, zieht sich wie ein roter Faden durch Saint Laurents Leben. Er eint die drei zu Anfang erwähnten Gesichter und offenbart den Kampf gegen den Dämon, den Saint Laurent sein Leben lang führte; er ermöglichte ihm, eine noble und nostalgische Weiblichkeit zu feiern.

Patrick Mauriès

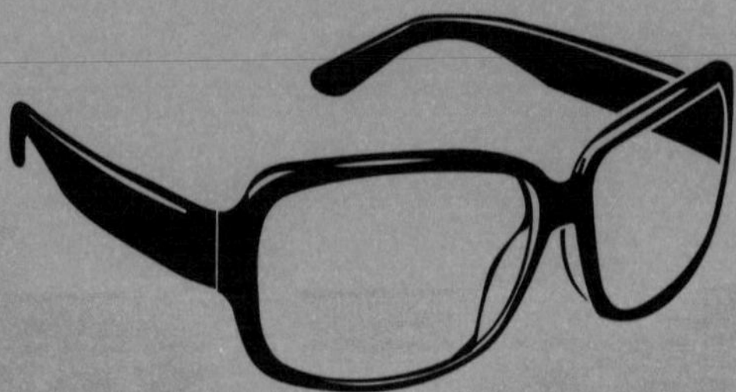

YSL ÜBER YSL (1)

Mit 14 Jahren stellte ich mir vor, ein Modehaus an der Place Vendôme zu besitzen. Ich hatte eine Liste der Kundennamen und auch eine Liste der Kleider. Meine Mannequins waren aus Papier. Ich spielte, ein großer Couturier zu sein.

★

Ich schaute meiner Mutter nach, als sie aus dem Haus ging. Meine Mutter war von einzigartiger Schönheit, sie hatte Haare wie Rita Hayworth. Sie hatte ein Kostüm aus rotem Satin, herrliche Beine, rote Schuhe. Mein Vater trug einen Smoking. Das sind Erinnerungen, die unauslöschlich sind.

★

Meine Kindheit will einfach nicht sterben. Sie lebt in mir weiter, wie ein Geheimnis.

★

Die Jugend ist eine Krankheit, von der man erst sehr spät genest. Manche Menschen leiden sogar bis zu ihrem Tod an ihr.

★

Wie Sie wissen, bin ich ein altes Kind.

Ich hatte eine
wunderbare
Kindheit.
Ich war ein
sehr empfindsames und
sehr glückliches Kind.

Später war ich weniger glücklich.

Liebe
ist
das beste
Mittel
gegen
Altern.

Oft rebelliere ich und fühle mich frustriert. Ich hatte nie die Zeit, jung zu sein, soll heißen: unbeschwert.

★

Ich kokettiere nicht mit meinem Alter. Ich betrachte das Leben mit den Augen eines Kindes, und deshalb altere ich nicht.

★

Die Jugend ist egoistisch. Älter zu werden bedeutet, damit anzufangen, an die anderen zu denken.

★

Meiner Ansicht nach ist auf Erden nur eine einzige Form von Glück möglich. Es besteht darin, sich selbstvergessen den anderen zu widmen. Indem man versucht, andere glücklich zu machen, bekommt man einige Glanzlichter davon ab.

★

Die Heiterkeit ist die Jugend der Greise. Sicherlich ist sie ebenso erfüllend wie die wahre Jugend. Die Vollendung eines Lebens in Hingabe ist ein Luxus, der allen zugänglich ist, und keinesfalls ein Privileg.

In meiner Jugend hat sich in mir der unbezwingbare Wille verfestigt, Paris zu erobern und dort das Allerhöchste zu erreichen. In Gedanken sagte ich zu meinen Klassenkameraden: Ich werde mich an euch rächen, ihr werdet nichts sein, ich dagegen alles.

★

Ich glaube, dass ich den Jugendlichen, der Christian Dior mit unerschütterlichem Selbstvertrauen seine ersten Skizzen zeigte, nicht verraten habe. Dieses Selbstvertrauen hat mich niemals verlassen.

★

Im Alter von 21 Jahren drang ich in eine Art von Festung der Berühmtheit ein, die für mich zu einer Falle werden sollte.

Alle Menschen
um mich herum
hatten sofort
begriffen,

dass ich anders war.

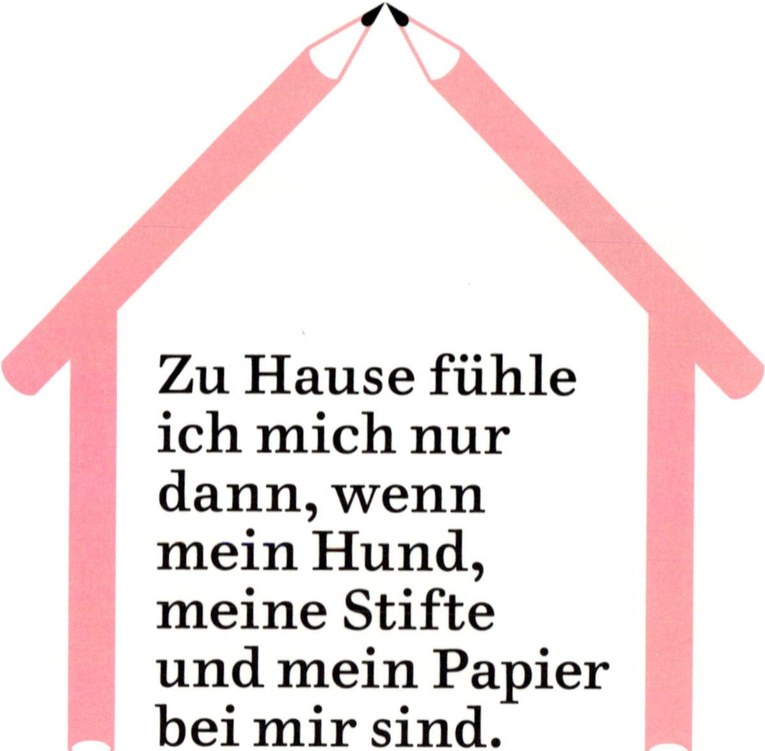

Zu Hause fühle ich mich nur dann, wenn mein Hund, meine Stifte und mein Papier bei mir sind.

Wenn man inmitten der Schatten seiner Familie lebt, ist man niemals ganz allein.

★

Die Sehnsucht ist ein Wachtraum. Ich bin ein großer Träumer.

★

Die Einsamkeit. Sie ist mein Antrieb, aber auch ein Fluch.

★

Ich liebe meine Freunde, aber ich sehe sie nur selten. Denn eigentlich bedeutet Berühmtheit auch Einsamkeit, das ist tatsächlich so.

★

Ich kämpfe gegen die Einsamkeit an, weil ich das Leben liebe. Doch es könnte sein, dass das Leben mich nicht liebt.

Das Leben? Eine Fieberkurve, die ihre höchsten Werte bei Freude und Glück erreicht und ihre niedrigsten bei Leid und Angst. Zwischen all diesen Schwankungen erschöpft sich das Herz.

★

Man darf vom Leben nicht zu viel erwarten, um all das schätzen zu können, was es einem schenkt. Unsere Schwäche rührt daher, dass wir von ihm allzu viel erwarten und nicht genug von uns selbst.

★

Der einzige Sinn, den eine menschliche Existenz vom Anfang bis zum Ende haben kann, ist die Kunst. Sie allein schenkt ihm die Hoffnung, sich dem Glück anzunähern.

★

Sich selbst beim Leben zuzuschauen ist schwindelerregend, doch nur durch diesen Schwindel erreichen wir unser Gleichgewicht.

★

Meine Waffe ist der Blick, mit dem ich meine Epoche betrachte.

★

Endlich bin ich ein skandalumwitterter Mann.

MEIN GRÖSSTER FEHLER?

Ich selbst.

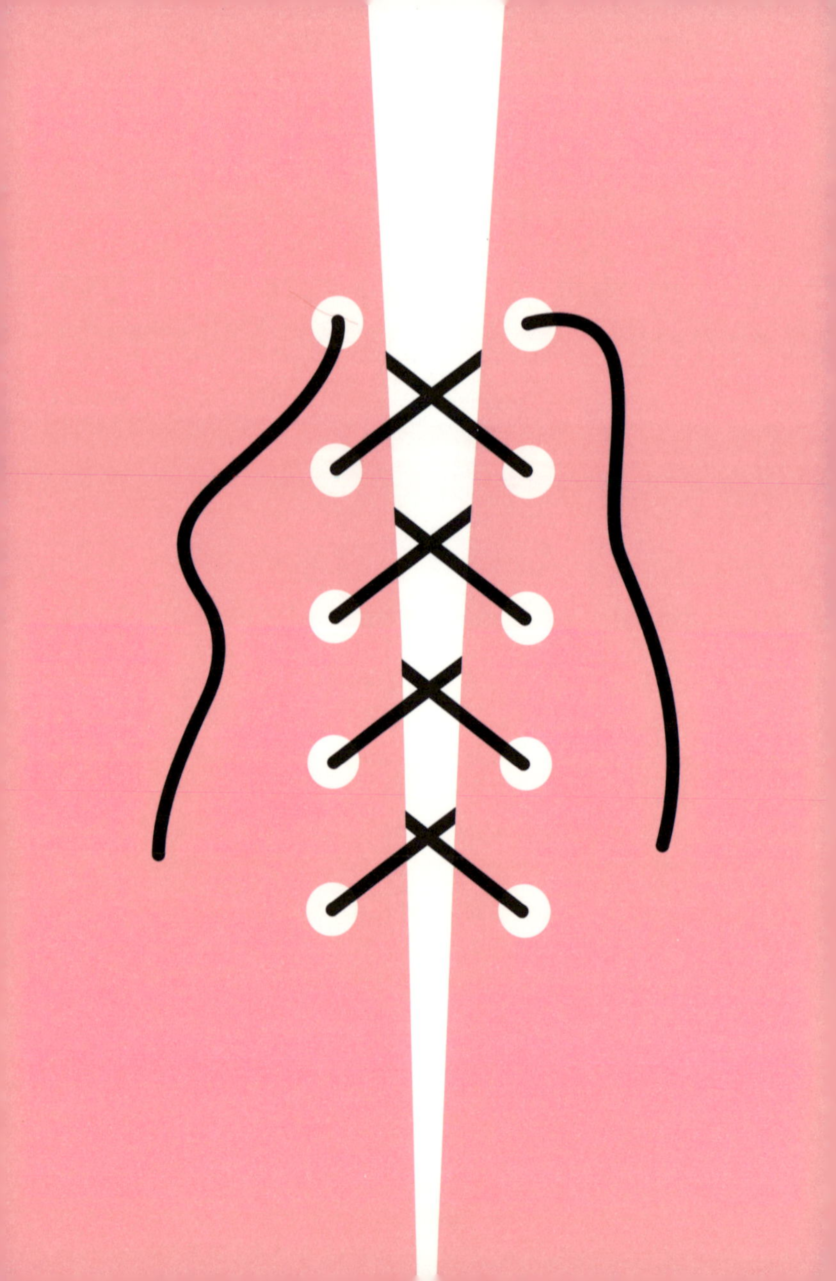

YSL
ÜBER
MODE

MODEN
vergehen, doch
STIL
ist unvergänglich.
MODE
ist belanglos,
STIL
jedoch nicht.

Alles hat sich so sehr verändert! Das moderne Leben hat sich insofern entwickelt, als die Frauen keine Lust mehr haben, sich Jahr für Jahr in jeder Saison durch eine neue Silhouette zu verändern. Ich glaube, dass die Mode eine gewisse Stabilität erreicht hat.

★

Jedenfalls ist Mode für mich eine Veränderung der Einstellung. Betrachtet man die Mode im Verlauf der Epochen, so erkennt man eine Veränderung in der Einstellung der Frau. Deshalb versuche ich, mit den bescheidenen mir zur Verfügung stehenden Mitteln, die Einstellung der Frauen zu verändern.

★

Eigentlich ist es grausam: Da erweckt man Dinge zum Leben, die man dann nie wiedersehen wird und deren eigentlicher Sinn darin besteht, zu verschwinden. Mode ist das, was sich immer wieder selbst unmodern macht …

★

Durch Chanel habe ich auch die Überzeugung gewonnen, dass die guten Dinge niemals aus der Mode kommen.

Ich liebe Kleidung, aber ich hasse die Mode.

★

Die Mode? Man nimmt sie viel zu wichtig. Das ist zum Verrücktwerden.

★

Manchmal frage ich mich, was ich eigentlich in dieser Tretmühle mache. Es ist ein absurdes Spektakel: Zu viel des Grässlichen, zu wenig Mode.

★

Die Mode ist ein bisschen zu einem Jahrmarkt verkommen.

★

Seit Kurzem ist die Mode zu einer Inszenierung geworden. Es gibt Laufstege, Musiker, Dekorationen und Effekte, die vor allem verblüffen und beeindrucken sollen. Das ist keine Couture mehr, das ist nur noch ein Spektakel. […] Häufig passiert es, dass die Inszenierung perfekt und das Kleid nicht tragbar ist. Auch lässt man Jahr für Jahr Namen wie Ballons aufsteigen, und im folgenden Jahr sind die Ballons verschwunden.

Die
Mode
ist
eine
unheilbare
Krankheit.

Mode verändert sich nicht.
Man macht den Leuten vor,
dass sie sich verändert,
doch bestimmte Moden
erreichen das Niveau der Kunst
und der Unvergänglichkeit.

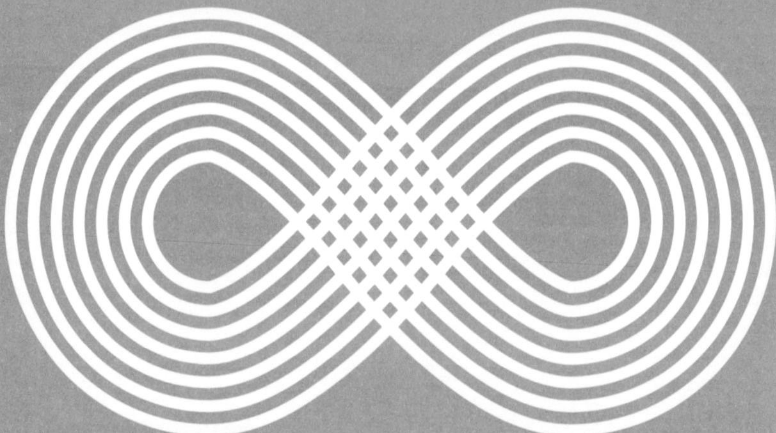

Aber nur manche.

Die Mode ist gewissermaßen Vitamin für einen Stil. Sie regt an und macht aktiv, aber man darf es mit ihr nicht übertreiben. Sie kann die Balance einer Persönlichkeit zerstören und sowohl dem Designer schaden als auch der Frau, die seine Modelle trägt.

★

Ich sehe keinen Sinn darin, von einer Saison zur nächsten die Kleidung zu verändern, wenn sie ohnehin schon perfekt war.

★

Es gibt eine Mode, die sich nicht verändert, und eine andere, die der Straße, die jeder mitmachen kann. Wenn Sie eine Idee haben, können Sie Designer werden und erfolgreich sein und dennoch kein richtiges Kleidungsstück zustande bringen. Denn das kann nicht jeder. Jeder kann Mode machen, aber nur wenigen gelingt ein richtiges Kleidungsstück.

★

Frauen, die der Mode allzu begeistert folgen, riskieren dadurch viel. Sie bringen sich in die Gefahr, ihr eigenes innerstes Wesen zu verlieren, ihren Stil, ihre angeborene Eleganz.

Die Zeit der Diktatoren ist vorbei. Die Mode gehört nicht mehr allein den Reichen. Sie kümmert sich nicht mehr um Standesunterschiede. Man kann die Mode nicht mehr gegen das Leben abschotten, sie muss sich aus neuen, aufregenden Ideen speisen. Unser Auftrag besteht nicht einfach nur darin, die Frauen zu kleiden, wir müssen ihnen gefallen, sie begeistern. Der Couturier muss den Zeitgeist erfassen. […] Er muss ein Befreier sein. Wenn wir uns für die Jugend interessieren, dann deshalb, weil sie zu einer Macht geworden ist, die sich ihrem eigenen Kult hingibt. Und wir, die jungen Couturiers, sind die Priester dieses Kults.

★

In Afrika, in Asien und in den slawischen Ländern verändert sich die Mode nicht besonders stark, die jungen Frauen tragen meistens dieselben Sachen wie die älteren. Das unterstützt meine Theorie, dass man in jedem Alter dieselbe Kleidung tragen kann.

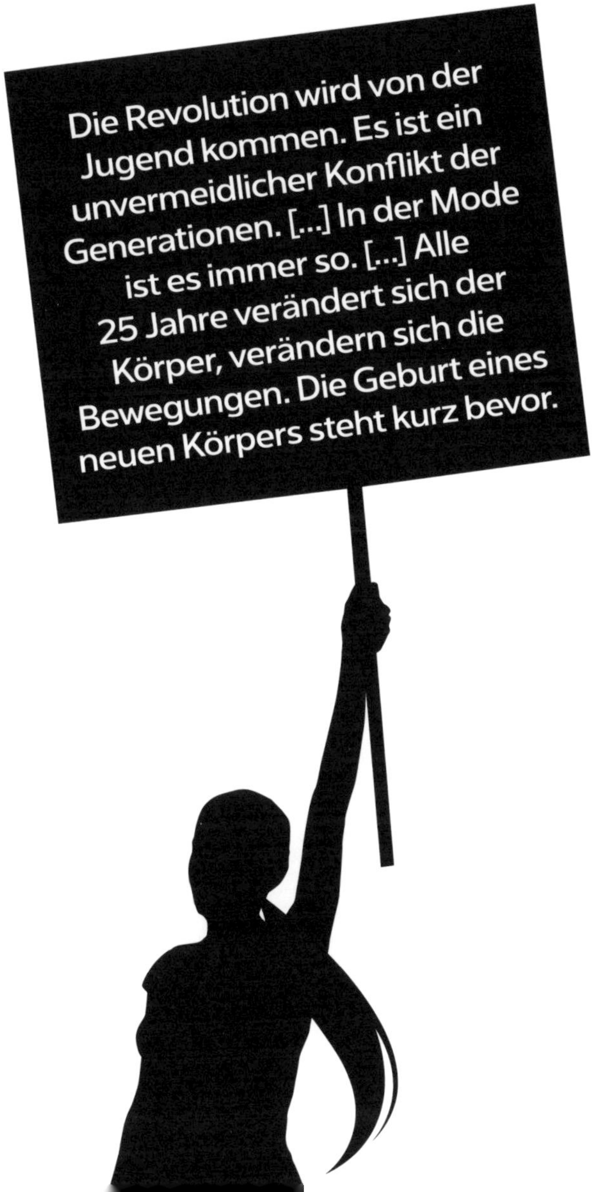
Die Revolution wird von der
Jugend kommen. Es ist ein
unvermeidlicher Konflikt der
Generationen. [...] In der Mode
ist es immer so. [...] Alle
25 Jahre verändert sich der
Körper, verändern sich die
Bewegungen. Die Geburt eines
neuen Körpers steht kurz bevor.

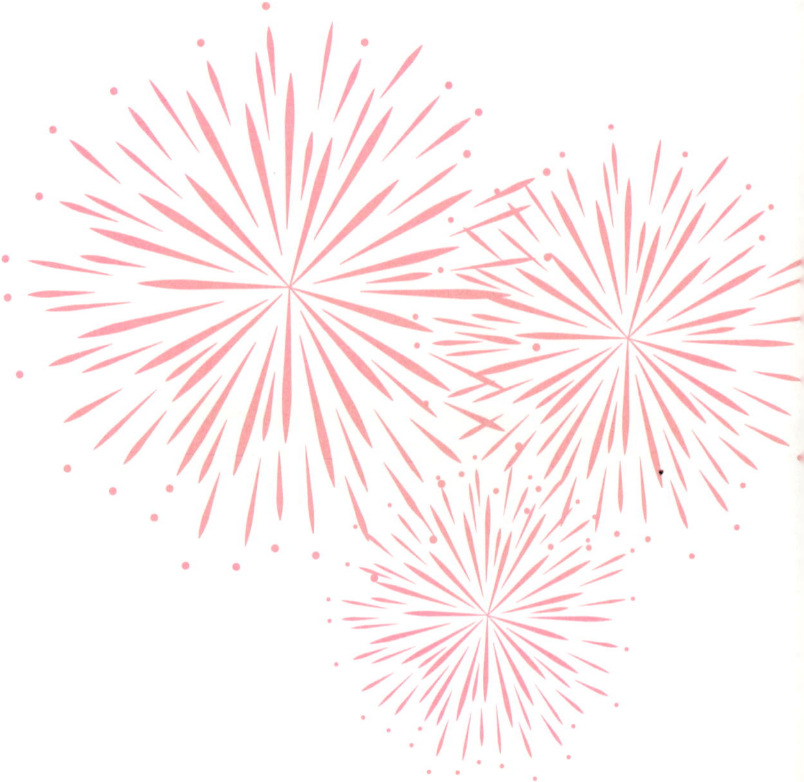

DIE MODE IST EIN FEST.

Die Mode ist von ewiger Jugend, sie begleitet den Lauf der Zeit und verewigt sich darin. Sie ist der Spiegel, der den Geist einer Epoche einfängt. Sie geht in ihr auf und stirbt mit ihr, um dann wiederaufzustehen und zu neuen Rhythmen zu tanzen.

★

Es gibt zwei Moden: eine, die bleiben wird, die nie unmodern wird, wie bei Hosen, Regenmänteln, Röcken, Blusen etc., also einer Reihe von Kleidungsstücken, die immer stärker standardisiert werden. Meiner Ansicht nach ist es das, was den Stil eines Couturiers oder einer Epoche ausmacht. Und daneben gibt es den viel amüsanteren Teil, den man als die echte Mode bezeichnet, der aus Spielereien besteht, aus Details, die sich von Saison zu Saison und von Jahr zu Jahr ändern. Das ist die Fantasie.

★

Wir brauchen Heiterkeit, Leichtigkeit, Humor, Dankbarkeit, Umkehr. Wir brauchen Feste. Die Mode muss ein Fest sein, sie muss den Menschen helfen, das Leben zu genießen. Sich zu verändern. Kleine Fluchten ermöglichen. Sich für eine Welt zu entschädigen, die so furchtbar, so grau, so hart ist, in der wir unser Leben fristen. Man muss ihre Träume kleiden, ihre Fluchten, ihre Verrücktheiten.

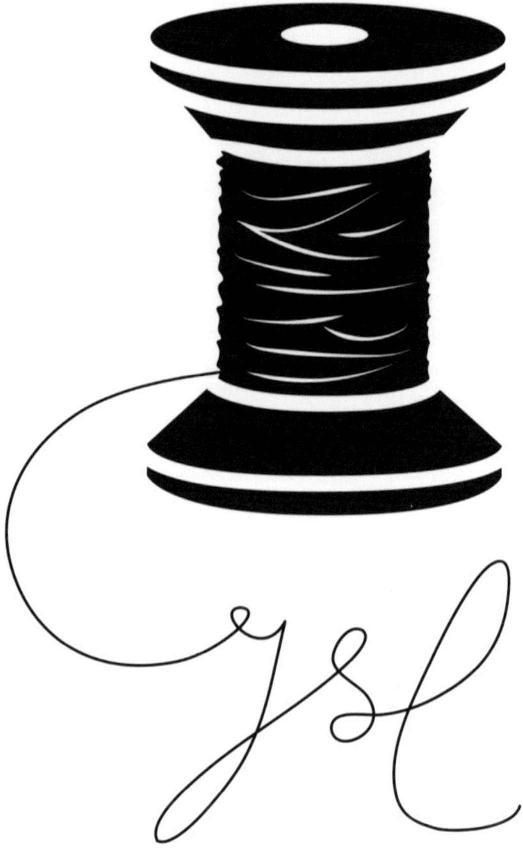
ysl

YSL
ÜBER DAS
ENTWERFEN

Wenn ich zum Stift greife, weiß ich noch nicht, was ich zeichnen werde. Das soll heißen, dass nichts geplant ist. Es ist das Wunder des Augenblicks. Das Merkmal. Ich beginne mit einem Frauengesicht, und plötzlich folgt die Abendrobe, das Kleidungsstück zeigt sich, aber es ist nicht etwas, was ich mir vorher ausgedacht hatte. Das ist der Schöpfungsprozess im Reinzustand, ohne Vorbereitungen, ohne Vision.

★

Es ist schon vorgekommen, dass ich innerhalb von 20 Tagen eine ganze Kollektion gezeichnet habe. 20 Tage reine Schaffensfreude, reiner Wahnsinn, und eines Abends gegen Mitternacht ist auf einmal alles fertig … Dann wieder leide ich wie ein Hund, mir will einfach nichts einfallen, und plötzlich ist alles da, wie ein Blitz in meinem Kopf, und es ist, als würde ich bei meiner eigenen Wiedergeburt zusehen.

★

Ich habe gelernt, mich vor der Inspiration zu hüten wie vor der Pest, und habe mit der Zeit allmählich begriffen, dass die Couture keine Kunst ist, sondern ein Kunsthandwerk. Soll heißen, von Anfang bis Ende ist nur eines wichtig: der weibliche Körper.

Ich kann einen ganzen Vormittag verbringen, ohne einen Stift in die Hand zu nehmen, aber es kann auch sein, dass mich eine plötzliche Idee dazu bringt, hintereinander vierzig Skizzen zu zeichnen.

Seit
meiner ersten
Kollektion,
meiner
Linie Trapèze,
hat mich
die Angst
nie wieder
verlassen.

Es macht mir keine Freude, Mode innerhalb einer bestimmten Frist zu kreieren. All diese Kleider, die nur ein Jahr zu leben haben, und gleichzeitig all diejenigen, die man immer wieder machen muss. Das ist eine furchtbare Qual. Ich fühle mich zwischen Leben und Tod hin- und hergerissen, zwischen Vergangenheit und Zukunft.

★

Jedes Mal muss man wieder alles infrage stellen. Man darf sich bei der Mode niemals irren. Niemand kann sich den Luxus leisten, in drei oder vier Jahren Bestätigung zu erfahren. Man muss in ständigem Kontakt zur Außenwelt bleiben. Von einem Couturier wird verlangt, dass er all das, was geschieht, und das, was geschehen wird, nachempfindet und übersetzt. Ich bin gefangen in meiner eigenen Falle.

★

Wenn ich zeichne, wenn ich Kleidungsstücke kreiere, geht es mir ziemlich schlecht. Natürlich ist es eine ungerechtfertigte Angst, die aber alles überflutet. Meine große Empfindsamkeit schenkt mir einerseits diese wunderbare Fähigkeit, Dinge zu schaffen, andererseits frisst sie mich auf.

Ich glaube nicht, dass es glückliche Kreateure gibt. Man entwirft, weil man sich um jeden Preis mitteilen möchte und man keine andere Sprache dafür hat.

★

Einer Sache bin ich mir sicher: Ich werde nie aufhören, etwas zu erschaffen. Das ist mein Lebensinhalt.

★

Es gibt kein Schaffen ohne Schmerz. Es ist etwas, was glücklich macht, doch der Weg, dorthin zu gelangen, ist schmerzhaft. Erst, wenn man es geschafft hat, empfindet man Glück.

★

Ein Schöpfender sein zu wollen bedeutet, sich freiwillig in die Abgründe der Angst zu stürzen. Es stimmt, dass darauf unvergleichliche Momente folgen. Das ist das Glück der Kreativität, die ihren Ausdruck findet.

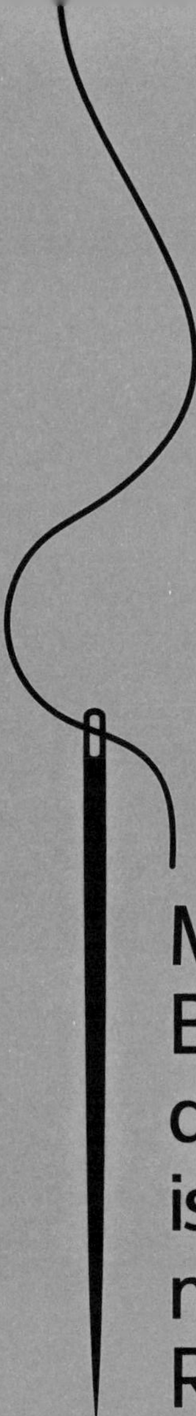

Mein
Beruf,
das
ist
mein
Rückgrat.

Die Straße und ich, das ist eine Liebesgeschichte.

Die Natur hat mir dieses Geschenk gemacht, das darin besteht, im richtigen Moment zu wissen, was die Frauen wollen. Ich muss nicht hinausgehen, herumreisen oder Drogen nehmen, damit meine Inspiration in Schwung kommt. Ich habe schon immer gesagt, dass ich Fühler besitze, es reicht mir, morgens das Fenster zu öffnen, um die Pariser Luft einzuatmen.

★

Meine größte Inspirationsquelle ist das, was sich in der Welt an Künstlerischem, Literarischem oder Politischem ereignet, und außerdem der Anblick von Frauen in den Straßen. Für mich ist das eine sehr wichtige Inspiration, denn er ist das Leben selbst; die Mode ist die Spiegelung des alltäglichen Lebens.

★

Es ist wichtig, dass es in den Straßen auch Hässliches gibt.

Ich lebe nicht in der Welt, sondern in meinem Kopf. Früher ging ich viel aus, ich tanzte die ganze Nacht lang, ich fuhr ein schnelles Auto, ich war wie eine Figur in einem Roman von Sagan, doch das ist alles vorbei. Ich liebte dieses Fieber, doch es hat von mir abgelassen. Inzwischen ist meine Seele mit meiner Arbeit verwachsen, und ich lebe nur noch durch sie. Ich lebe nur für sie, und Geschehnisse inspirieren mich weniger als reine Schönheit.

★

Ich bin sehr einsam. Ich lasse meine Fantasie durch unbekannte Welten streifen. Ich hasse es, zu reisen. Aber wenn ich ein Buch über Indien lese, mit vielen Fotos, oder aber ein Buch über Ägypten, wo ich niemals war, trägt meine Fantasie mich davon. Auf diese Weise mache ich meine schönsten Reisen.

★

Ich bin davon überzeugt, dass meine Vorstellungskraft die Grenzen des Normalen übersteigt und dass sie mich in Länder führt, die ich dann nicht mehr zu bereisen brauche. Meine schönsten Reisen sind die, bei denen ich das Haus nicht verließ.

Die schönste
Reise von allen
ist schließlich die,
die man im eigenen
Zimmer macht.

**Da ich mittlerweile
in Museen
ausgestellt werde,
könnte es sein,
dass ich wirklich ein
Künstler bin …**

Yves Saint Laurent

Jede Kunst wird durch ihr Ausdrucksmittel beschränkt; meines ist die Kleidung.

★

Die Kunst, das Schaffen, ist die Manifestation des Göttlichen im Menschen. Die Suche nach Reinheit.

★

Ich habe seit jeher eine große Achtung vor diesem Beruf, der nicht wirklich eine Kunst ist und trotzdem nur von einem Künstler ausgeübt werden kann.

★

Meine Vorstellungskraft zu verfeinern ist mir sehr wichtig. Als ich Vermeers Mädchen mit dem Perlenohrring *sah, stellte ich mir das Kleid vor, das es getragen haben könnte. Und ich glaube, dass es eines der schönsten Kleider war, die ich je schuf.*

★

Wie kann man an der Schönheit der Zukunft arbeiten, wenn man aus Nachlässigkeit die Schönheit der Vergangenheit erlöschen lässt?

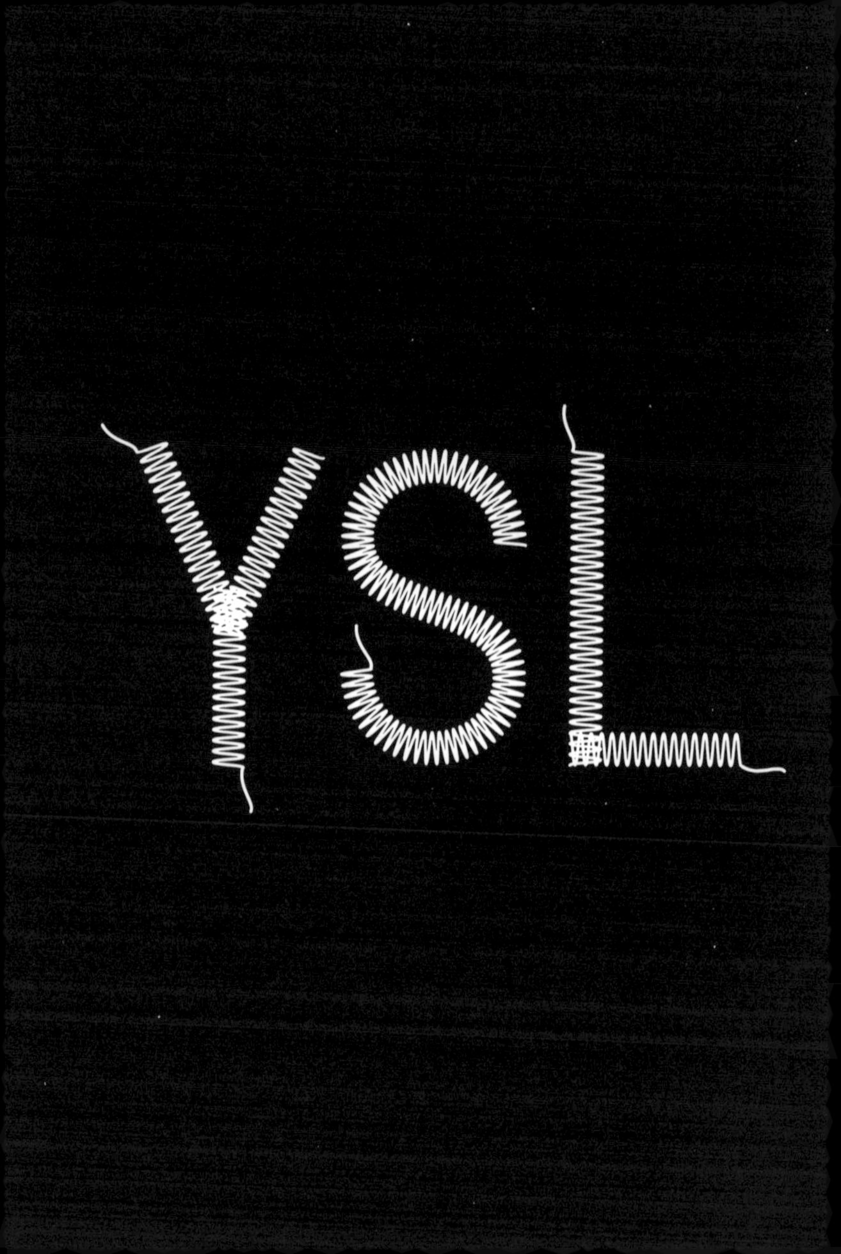
YSL

YSL ÜBER DEN BERUF DES COUTURIERS

In einem Beruf, in dem man sich zweimal im Jahr routinemäßig selbst infrage stellt, ist man niemals angekommen. Vor jeder Kollektion leide ich an krankhaftem Lampenfieber. Seit meinem 20. Lebensjahr spüre ich eine erdrückende Verantwortung: Mein Scheitern würde mehrere Hundert Menschen zur Arbeitslosigkeit verurteilen.

★

Eine Kollektion ist quälend. Jedes Mal mache ich furchtbare Zustände durch, und mir ist, als wäre meine Inspiration endgültig versiegt. Und dann, ungefähr zwei Wochen vor der Kollektion, löst sich der Knoten. Das ist dann pure Euphorie.

Ich gebäre stets unter Schmerzen.
Nicht im Stadium der Idee noch in dem der
Skizze, sondern dann, wenn es darum geht,
ein Stück Stoff zum Leben zu erwecken, und
man keine anderen Mittel zur Verfügung hat
als Schere und Nadeln und alles
flach, stumpf und tot zu bleiben scheint.
Dann kommt immer der Moment,
in dem man am liebsten alles zerreißen und
sich auf eine Insel am Ende der Welt flüchten
würde, um dort sein Leben nackt fortzusetzen
und endgültig zu vergessen, was die Worte
Krepp, Samt, Ratiné bedeuten –
und das Allerschlimmste:

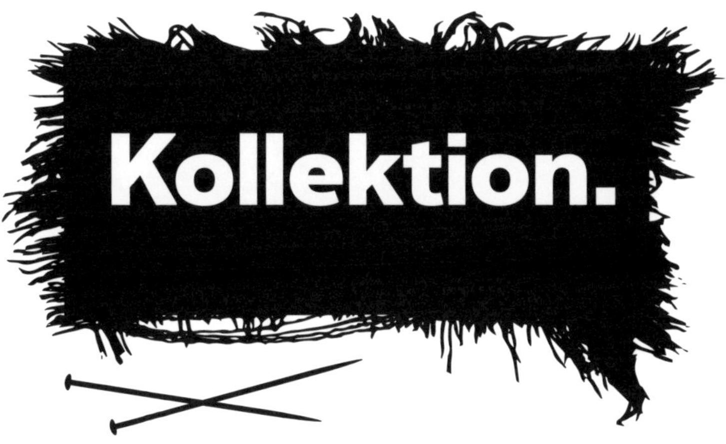

So soll eine Kollektion sein: ein Spektakel!

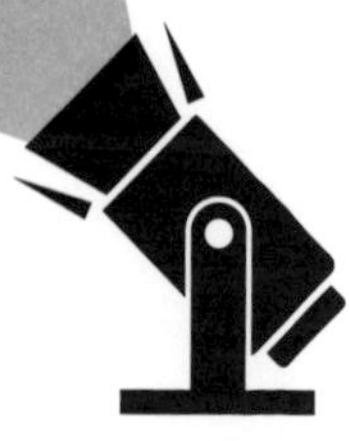

Anzumerken ist, dass einem die Kollektion während der Arbeit daran exklusiv gehört, wie ein Heiligtum. Sobald sie aber ausgeliefert wird, fühlt man sich im höchsten Maße frustriert und enteignet. Und anschließend deprimiert. Das vergeht nach und nach, dann kommt der Moment, den ich sehr mag: Man freut sich darüber, etwas gegeben zu haben, man sieht die angezogenen Frauen, die Kleider fangen zu leben an. Und das Leben geht weiter.

★

Man kann sich nicht vorstellen, wie schwierig es ist, Kleider zu machen. Doch ich beherrsche mein Metier mittlerweile voll und ganz. Das spürt man plötzlich: Man verfügt über etwas, was nie mehr verschwinden wird. Das ist ein unglaubliches Gefühl.

★

Nach einer Kollektion fühle ich mich völlig leer. Sie ist aus mir gekommen, und es ist nichts übrig geblieben. Sie ist meinen Fingern entglitten, um etwas zu werden, das man kaufen kann, das man benutzt, das man vielleicht wegwerfen wird. Ein Buch, ein Gemälde, ein Musikstück, eine Skulptur bleibt, doch die Mode … Wie frustrierend ist es, zu erkennen, dass das eigene Werk untergehen wird.

Ich schockiere lieber, als durch die Wiederaufnahme alter Ideen zu langweilen.

★

Es fällt mir schwer, eine Kollektion zu erklären, weil es mir vorkommt, als würde ich ständig an derselben Kollektion arbeiten.

★

Je weiter ich in meinem Beruf komme, desto stärker eigne ich mir das an, was ich stets anstrebte: diesen Flow, diese Leichtigkeit, die ich anfangs nicht hatte.

★

Einen Ärmel einnähen, einen richtigen Rock anfertigen, all diese Dinge, die so einfach erscheinen, doch in Wahrheit so schwierig sind: An ihnen erkennt man einen echten Couturier.

★

Einen wichtigen Teil der Arbeit des Couturiers macht die optische Täuschung aus: Diesem Prinzip werde ich immer treu bleiben.

★

Von einer Revolution in der Mode zu sprechen ist veraltet. Die wahre Revolution findet anderswo statt. Diese des Geistes wird die Mode revolutionieren.

Für mich ist der

Klassizismus

die

Avantgarde.

Traditionelle Vorurteile stellen uns als überflüssig dar, dabei ist unser Beruf wichtig und bedeutsam.

★

Alle meine Kleider entspringen einem Konzept. Ein Kleid, das kein Konzept erkennen lässt, es nicht widerspiegelt, ist nicht gut. Erst nachdem man das betreffende Konzept gefunden hat, kann man über die Farbe, den Schnitt und die Stoffe entscheiden. Tatsächlich ist es so, dass man in diesem Beruf niemals aufhört, seinen Beruf zu erlernen.

★

Mode muss originell und modern sein und Freude bereiten. Aber der Designer muss nicht nur die Couture beherrschen, sondern sich auch in Geschichte und Kunst gut auskennen.

★

Ich glaube, dass ein Designer, der nicht zugleich auch Couturier ist, also nicht in die tiefen Geheimnisse der physischen Anfertigung seiner Modelle eingeweiht ist, einem Bildhauer gleicht, der seine Projekte von einem Handwerker umsetzen lässt. Die Kreation unterliegt nicht der eigenen Kontrolle, sie gleicht einem unterbrochenen Liebesakt, und ihrem Stil haftet eine gewisse Dürftigkeit an.

In der Mode
finde ich es am schönsten,
ein Kleidungsstück
zustande zu bringen,
das genau dem entspricht,
was ein Pullover
und ein schwarzer Rock sind:
Gleichzeitig nichts
und alles.

Denn genau darin besteht unser Beruf:

STRENGE
BESCHEIDENHEIT
SERIOSITÄT
ZEITLOSIGKEIT

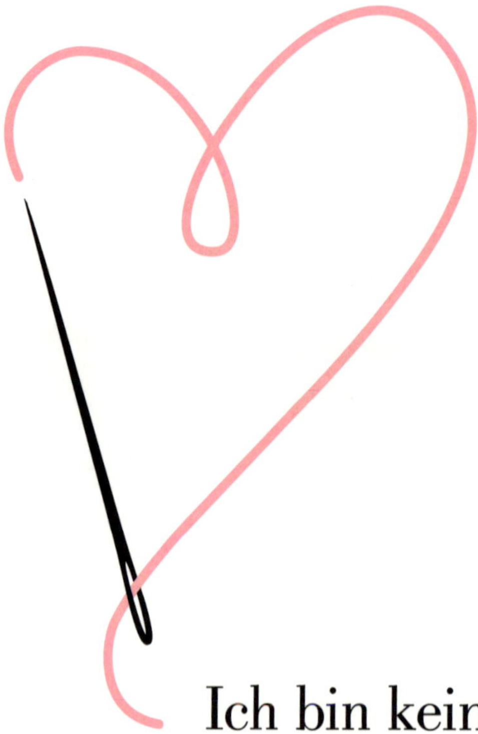

Ich bin kein Couturier, ich bin ein Handwerker.

Ich stelle Glück her.

★

Ich danke dem Himmel, dass ich der Couturier geworden bin, der ich heute bin.

★

Es ist ein Beruf, bei dem man sehr leidet, der einem aber auch viel Freude bereitet.

★

Es kommt mir vor, als würde ich leiden, und deshalb muss ich heitere Dinge schaffen.

★

Ich habe für meinen Beruf und durch meinen Beruf gelebt.

YSL ÜBER STIL

STIL

Um einen Stil genau zu definieren, also das zu definieren, was ich sehe, was mich interessiert, muss er von Kopf bis Fuß stimmig sein.

Für einen Couturier ist es am wichtigsten, einen eigenen, wiedererkennbaren Stil zu haben.

★

Ich verfolge denselben Prozess wie ein Maler, ein Bildhauer, ein Architekt, ein Musiker. Für einen Couturier besteht dieser Prozess darin, eine Mode zu erfinden und sich, so wie Chanel, Balenciaga oder Dior, von den anderen abzuheben. Es geht also darum, einen Stil zu finden und ihn durchzusetzen.

★

Einen Stil zu finden genügt nicht, man muss ihn durchsetzen, ihn verfeinern, ihn erneuern. Zum Beispiel kann ich derzeit viermal im Jahr einen Blazer machen, und indem ich ihn perfektioniere, erreiche ich, dass er viermal anders aussieht. Durch das Perfektionieren der wichtigen Kleidungsstücke habe ich meinen Stil geschaffen und bin das geworden, was ich bin, und dadurch wiederum habe ich die Mode überwunden. Das ist auch der Grund, warum Frauen frühere Modelle von mir anziehen können, ohne jemals altmodisch zu wirken.

★

Eleganz wird dem zuteil, der sich auf die Suche nach dem eigenen Stil macht. Im Leben wie in der Mode.

Klassisch bedeutet für mich zeitlos, das bedeutet: keiner Epoche zugehörig.

★

Ich bin ein Klassiker, und ich liebe die Disziplin.

★

Je perfekter ein Kleidungsstück ist, desto schlichter ist es.

★

Das »Neue« an sich interessiert mich nicht. Oft wirft man mir vor, ich würde mich wiederholen, doch das ist ein Missverständnis: Tatsächlich erneuere ich jedes Jahr alles, behalte aber die Grundlinie bei.

★

Nichts ist für mich stilloser als Revolutionen in der Art, sich zu kleiden.

★

Nur der Stil kann die Mode überwinden.

ICH WILL DIE MODE NICHT REVOLUTIONIEREN, SONDERN SIE IMMER KLARER UND REINER MACHEN, UM AUF DIE IDEALE SILHOUETTE HINZUARBEITEN.

Es kommt mir vor, als würde ich immer und ständig dasselbe tun ständig dasselbe tun ständig dasselbe tun ständig dasselbe tun ständig dasselbe tun

aber tatsächlich
stimmt das nicht.

Das Wichtigste bei meiner Mode? Das ist der Stil. Ich verändere ihn nicht, sondern vertiefe ihn. Die Schnitte ändern sich. Die Moden vergehen, der Stil bleibt.

★

Meinen Stil habe ich in der Herrengarderobe gefunden. Deshalb ist mein Stil androgyn. Mir war aufgefallen, dass gut gekleidete Männer wesentlich mehr Selbstbewusstsein besitzen als gut gekleidete Frauen. Deshalb habe ich versucht, Frauen mit dieser Linie Selbstvertrauen zu schenken.

★

So wie ein Künstler zu seinem Stil finden muss, so muss eine Frau den ihren finden. Sobald sie sich ihres Stils bewusst ist, ist sie sich ihrer verführerischen Wirkung sicher, ganz gleich, welche Mode gerade angesagt ist.

★

Der Stil ist eine Linie. Ein Bleistiftstrich. Moden sind vergänglich, doch der Stil muss bleiben.

★

Mein Ziel besteht darin, die vollkommenste Reinheit zu erreichen.

YVES SAINT LAURENT

haute couture

YSL ÜBER DIE HAUTE COUTURE

ICH LIEBE

ALLES RAFFINIERTE.

ICH VERACHTE

ALLES ÜPPIGE.

Die Haute Couture ist für mich kein Labor, wie viele sagen, sondern eine Stilübung, bei der man eine Perfektion erreicht, die beim Prêt-à-porter undenkbar wäre.

★

Die Haute Couture ist eine Geliebte, von der ich mich nicht trennen kann, außerdem fühle ich mich für die Menschen verantwortlich, denen ich meinen Erfolg und den meines Hauses verdanke.

★

Sie ist notwendig, weil sie ein Handwerk ist und es in einer standardisierten, immer stärker industrialisierten Zeit wichtig ist, das Handwerk zu erhalten. Außerdem, weil es ein kostbares, einzigartiges und nonkonformistisches Metier ist. Im Grunde seines Herzens verspürt doch jeder das Bedürfnis, sich von den anderen zu unterscheiden.

★

Die Haute Couture ist die am höchsten entwickelte Stufe dieses Handwerks. Wenn man Mode liebt, muss man zwingend die Haute Couture anstreben, weil man durch sie die höchste Perfektion erreicht. Mir ist sie sehr wichtig, ich könnte sie niemals aufgeben.

Haute Couture, das ist Luxus und Raffinement; Prêt-à-porter dagegen ist das Leben. Es bringt viel Jugend in meine Kollektionen. Die Haute Couture verleiht ihnen Raffinement.

★

Solange es möglich sein wird, werde ich praktische Sachen für das Prêt-à-porter machen und Träume für die Haute Couture.

★

Bei der Haute Couture geht es um Fingerspitzengefühl. Dort, wo man überlegt, was den Frauen steht oder nicht, ist das Prêt-à-porter.

★

Haute Couture hat keinen Einfluss mehr. Was heute noch beeinflussen kann, ist das, was sofort und von jedermann gekauft werden kann.

★

Ich glaube, dass die Zukunft dem Prêt-à-porter gehört, denn die Zukunft steckt voller Hoffnung und Neuerungen.

Ich habe mich dafür
entschieden, das Bild
meiner Mode eher durch das
Prêt-à-porter zu vermitteln
als durch meine Haute Couture.
[...] Das Prêt-à-porter ist
Ausdruck der Mode von heute.
Und den findet man
meiner Ansicht nach nur dort
und nicht in der Haute Couture.

Als ich 1966 die weltweit erste Prêt-à-porter-Boutique eines großen Couturiers eröffnete und dafür Modelle entwarf, die sich nicht auf die Haute Couture bezogen, habe ich der Mode meiner Zeit den Fortschritt ermöglicht und den Frauen den Zugang zu einem Universum, das ihnen bis dahin verschlossen war.

★

Am liebsten wäre ich wirklich wie [die Kaufhauskette] Prisunic, dann könnte ich preisgünstigere Kleider machen, die jede Frau tragen und sich jede Frau leisten kann.

★

Schon seit Langem bin ich der Überzeugung, dass Mode nicht nur dazu da ist, die Frauen schöner zu machen, sondern dazu, sie zu stärken und ihnen zu mehr Selbstvertrauen zu verhelfen. Stets habe ich all jenen widersprochen, die Mode dazu missbrauchen, um ihr eigenes Ego zu streicheln. Ich dagegen wollte mich schon immer in den Dienst der Frauen stellen, ihnen also dienen. Ihrem Körper, ihrer Einstellung, ihrem Leben. Ich wollte ihre große Befreiungsbewegung begleiten, die wir im letzten Jahrhundert erlebten.

DESHALB HABE ICH

EINE BOUTIQUE

ERÖFFNET.

ICH WOLLTE NICHT MEHR

EINFACH NUR EIN GROSSER

COUTURIER SEIN.

rive gauche

Ich bin davon überzeugt, dass uns eine grundlegende
Veränderung unseres Lebensstils bevorsteht,
ähnlich wie damals,
als Art Déco erstmals präsentiert wurde.

Nieder mit dem Ritz, es lebe die Straße!

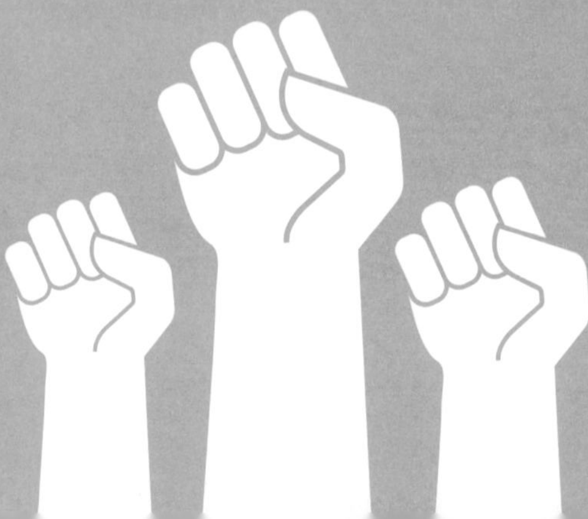

Bevor die Leute ihre Kleidung verändern können, müssen sie ihr Leben, ihre Gedanken, ja ihr ganzes Sein verändern.

★

Nachdem die Leute eine kurze Zeit lang das Bedürfnis hatten, in der Masse aufzugehen und sich in die Anonymität der Uniformierung zu flüchten, wollen sie heute aus der Masse herausragen und sich in Szene setzen, wie ein Star. Ihr »Genre« zur Schau stellen. Die Jungs wollen sich einen Bart wachsen lassen, und die Mädchen bringen ihre ursprüngliche Weiblichkeit zum Ausdruck.

★

Ganz vage spüre ich, was für mich die Kriterien einer neuen Mode sein könnten, etwas, was ich gern machen würde, aber nicht kann, denn es würde bedeuten, hier alles stehen und liegen zu lassen und anderswo neu anzufangen. Ich sehe dieses große Tor vor mir, das sich zur Prêt-à-porter hin öffnen wird, der Mode der Zukunft, und die verblüffend, radikal anders und riesenhaft werden könnte.

Die Haute Couture ist das Material, aber auch die Gesamtheit der Geheimnisse, die wir einander zuflüstern und die mit der Raffinesse des Schnitts zu tun haben. Sie machen die Haute Couture zu einer Kunstform und verleihen Frankreich sein besonderes Prestige. Was auch immer sich anderswo abspielt, ein Couturier muss von Paris aus arbeiten, sonst wird er bald in Vergessenheit geraten.

★

Wenn die Haute Couture stirbt, sterben die großen Handwerke mit ihr.

★

Ich bin der letzte große Couturier, die Haute Couture endet mit mir.

Die Haute Couture besteht aus einer Vielzahl geflüsterter Geheimnisse. Nur wenige Menschen genießen das Privileg, sie verbreiten zu dürfen.

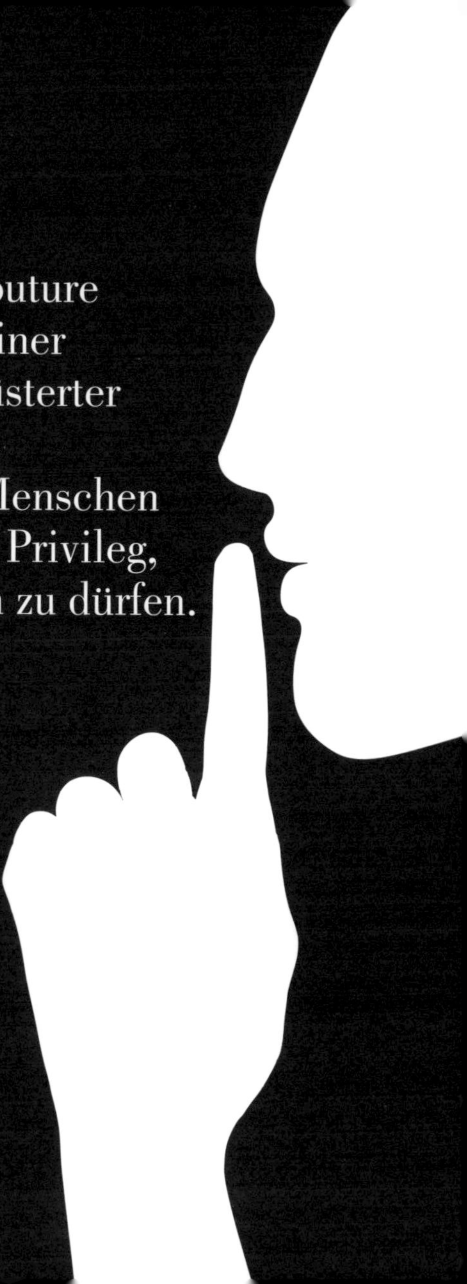

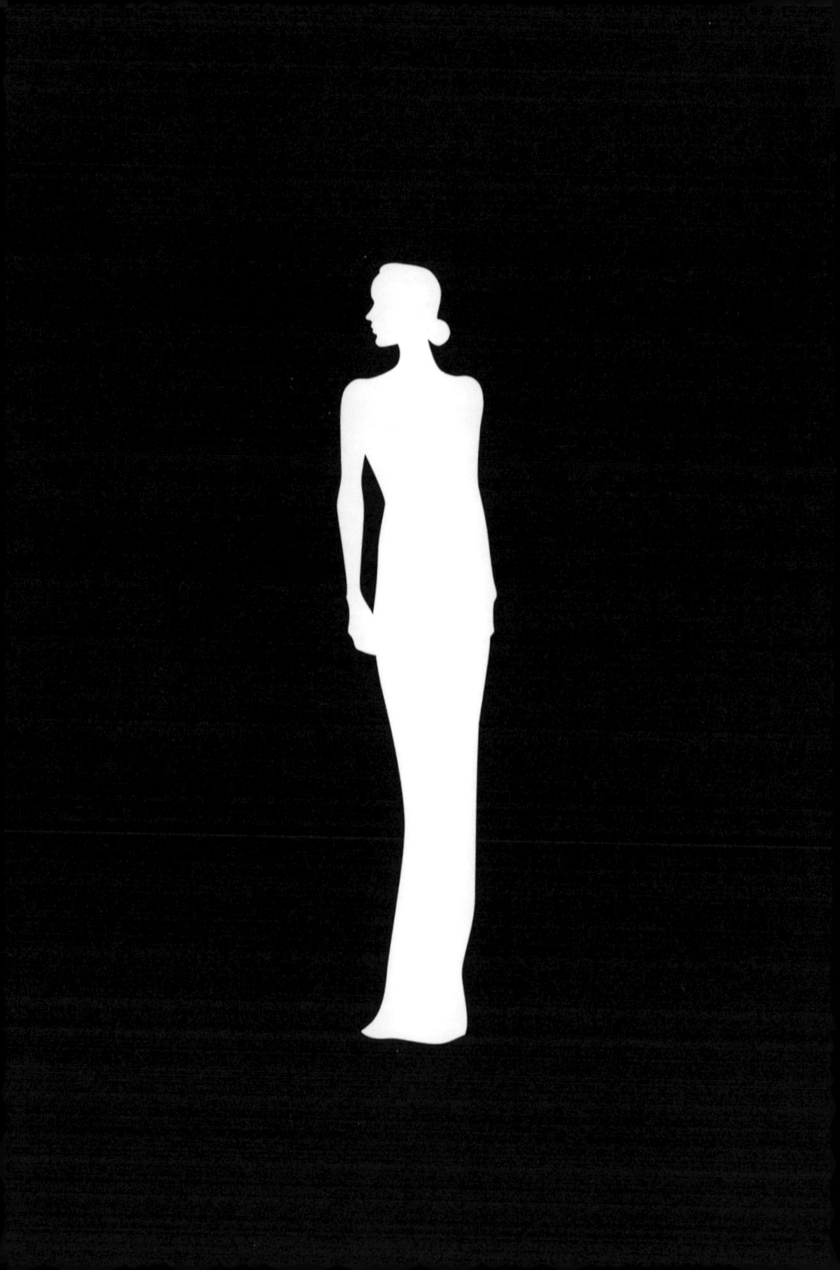

YSL ÜBER ELEGANZ

Ich gehöre einer Generation und einer Welt an, die sich der Eleganz widmete, ich bin in einem Zuhause aufgewachsen, das den Traditionen sehr verbunden war. Gleichzeitig aber wollte ich all das ändern. Ich war hin- und hergerissen zwischen Vergangenheit und Zukunft, die eine ließ mich nicht los, die andere trieb mich voran. Ich befürchte, dass ich das stets bleiben werde. Denn ich kenne die eine Welt und spüre die Existenz der anderen.

★

Unter einer gut gekleideten Frau versteht man heute eine Frau, der es gelingt, zwischen ihrer Persönlichkeit und ihrer Kleidung eine gewisse Balance herzustellen. Die eleganteste Frau, die ich kenne? Coco Chanel.

★

Eleganz ist die vollständige Außerachtlassung dessen, was man trägt. Es gibt für sie tausend Definitionen, tausend Beschreibungen. Aber mehr als alles andere zählt die Persönlichkeit. Die Eleganz der Bewegungen, die Eleganz des Herzens, für sie braucht es keine teuren Kleider. Es wäre entsetzlich, wenn es anders wäre.

★

Eleganz ist eine Art, sich zu bewegen. Außerdem die Fähigkeit, sich an alle Lebensumstände anzupassen. Ohne die Eleganz des Herzens gibt es keine Eleganz.

Eleganz?

Dafür habe ich eine ganze Reihe
von Definitionen parat.
Zusammenfassend
würde ich sie vor allem
als eine

Form der Lebenskunst

beschreiben,
eine Art,
sein Leben zu leben,
physisch wie moralisch.

Ich glaube,
das Wort

elegant

wurde ersetzt
durch das Wort

verführerisch.

Heutzutage will man
lieber

verführerisch

sein
als

elegant.

Die Eleganz hat sich verändert, an ihre Stelle ist die Verführung getreten.

★

Ich mag den Begriff elegant *nicht, denn ich finde, dass er ebenso altmodisch ist wie der Begriff* Haute Couture.

★

Nicht ich bin es, der sich verändert hat, sondern die Welt. Sie wird nie aufhören, sich zu verändern, und wir sind dazu verdammt, unsere Sichtweisen, unser Fühlen und unsere Meinungen ständig anzugleichen. Die Gewissheiten, die Ruhe, das gute Gewissen sind gestorben. Der Eleganz ist es ebenso ergangen. Wie kann eine Bande alter Bärte für sich das Recht beanspruchen, im Namen der Eleganz zu erklären, dass dieses gut und jenes schlecht ist?

★

Tricksen gehört zum Verführen. Eine Frau ist vor allem dann sehr sinnlich und daher verführerisch, wenn die Kunst des Tricksens ins Spiel kommt.

★

Ein Kleid erfüllt dann seinen Zweck, wenn es sozusagen unsichtbar wird … Wenn man nur noch die Frau sieht, die es trägt.

★

Meiner Ansicht nach sind die wichtigsten Waffen der Frau der Charme und eine Aura des Geheimnisvollen.

Was zählt,
ist die
Verführung,

DER SCHOCK.

Das, was man empfindet,
was man ahnt.
Das ist rein subjektiv.
Ich persönlich
reagiere stärker auf
Bewegungen als auf Blicke,
die Silhouette
oder irgendetwas anderes.

WENN MAN SICH IN SEINER KLEIDUNG
WOHLFÜHLT, KANN KOMMEN, WAS MAG.
GUTE KLEIDUNG IST DAS

TICKET

INS LAND
DES GLÜCKS.

Eine Frau, die ihren Stil nicht gefunden hat, die sich in ihrer Kleidung nicht wohlfühlt, die nicht in Einklang mit sich lebt, ist eine kranke Frau. Sie ist nicht glücklich, nicht selbstsicher und besitzt keinerlei Eigenschaften, die Glücklichsein ermöglichen. Man spricht viel darüber, wie gut Stille unserer Gesundheit tut. Man könnte auch über die Stille der Kleidung sprechen, über diese wunderbare Stille der Kleidung, die eintritt, wenn Kleidung und Körper eins werden, wenn man vollkommen vergisst, was man trägt, wo das Kleidungsstück nicht mehr zu einem spricht, also nicht auffällt, wenn man sich bekleidet ebenso wohlfühlt wie nackt. Dieser perfekte Einklang zwischen Körper und Kleidung kann nur entstehen, wenn Geist und Körper, Kleidung und Geist in perfektem Einklang miteinander sind. Könnte Eleganz vielleicht bedeuten, total zu vergessen, was man trägt?

★

Seinen Stil zu finden ist nicht leicht. Doch nichts macht glücklicher, als ihn gefunden zu haben. Es schenkt einem lebenslanges Selbstvertrauen.

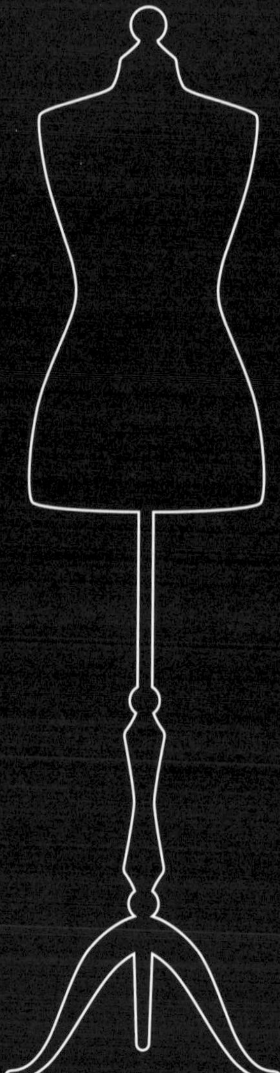

YSL ÜBER FRAUEN

Ich habe meinen Stil stets durch die Frauen gefunden. Ihre Vitalität und Stärke, das inspiriert mich am Körper der Frau; ihre Bewegungen, ihre Formen, das sind die Bezugspunkte.

★

Ich glaube, für die Emanzipation der Frauen alles mir Mögliche getan zu haben.

★

Ich habe ein Fundament errichtet, das man seit 20 Jahren in meinen Kollektionen findet: Blazer, Cabanjacke, Ringelshirt, Regenmantel, Hosenanzug, Bluse, Safarijacke und Smoking. Dieses ermöglicht einer Frau, sich jederzeit ebenso selbstsicher zu fühlen wie ein Mann.

★

Mein Traum ist es, den Frauen die Grundlagen einer klassischen Garderobe zu schenken, die saisonale Moden transzendiert und ihnen mehr Selbstvertrauen verleiht. Ich hoffe, sie durch ihre Kleidung glücklich machen zu können.

Ich habe die
moderne Frau
erfunden.
Ich habe ihre
Vergangenheit
erfunden,
ich habe ihr ihre
Zukunft geschenkt.

Ich entwerfe nie abstrakte Dinge, sondern einfach nur Kleidungsstücke, die durch eine Frau leben. Was zählt, ist der Körper – ich liebe den Frauenkörper.

★

Ich fände es entsetzlich, die Frauen so zu behandeln, als ob sie keine Frauen wären, so als ob der Designer wichtiger wäre als die Kleider, das wäre vollkommen respektlos.

★

Ich liebe all jene Stoffe, die den Körper einer Frau offenbaren. Ich mag Stoffe, die sich an ihrem Körper bewegen. Ich mag es, wenn man durch den Stoff den Frauenkörper erahnen kann. Denn das Wichtigste in der Couture, in der Mode ist der Körper, den man bekleidet, die Frau, die man bekleidet, und nicht all die Ideen, die man vielleicht hat.

★

Das Schönste, was eine Frau kleiden kann, sind die Arme eines geliebten Menschen. Doch für alle, die dieses Glück nicht gefunden haben, bin ich da.

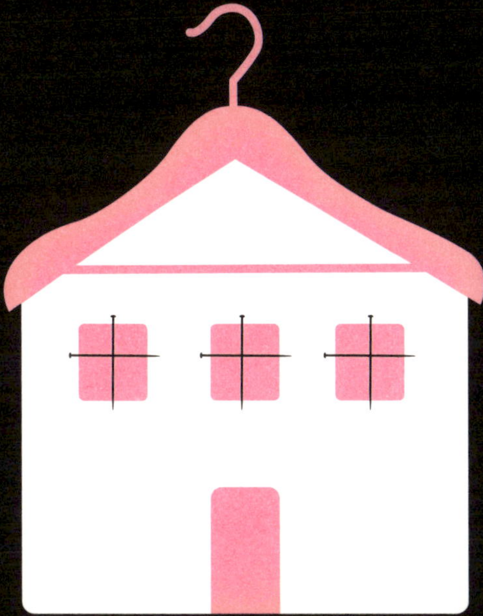

Ein Kleid ist keine
»Architektur«,
sondern ein Haus:
Es ist nicht dazu da,
um betrachtet, sondern
um bewohnt zu werden,
und die Frau, die darin wohnt,
muss sich in ihm gut und schön
fühlen. Alles andere sind nur
Hirngespinste.

Ich suche
nicht

DIE

ideale Frau,
sondern

MEHRERE

ideale Frauen.

Beim Entwerfen ist es wichtig, an unterschiedliche Typen von Frauen zu denken, um ein allgemein gültiges Design zu erzielen.

★

Ich will das Spiegelbild unserer Zeit sein und den Frauen ihr Aussehen schenken. Die Zeiten, in denen sie alle sechs Monate ihre Garderobe auswechseln mussten, sind endgültig vorbei. Heute sind Frauen nie unmodern angezogen, und wenn ich Frauen sehe, die meine früheren Stücke mit aktuellen Entwürfen von mir kombinieren, dann gefällt mir das sehr gut. Die Frauen werden immer freier, man darf nicht versuchen, sie einzusperren.

★

Für mich ist die ideale Frau eine internationale Frau, also alle Frauen in einer einzigen. […] Aber es ist schwierig, alle Frauen in eine einzige zu stecken.

Ich muss den Körper einer nackten Frau kleiden, ohne ihre natürlichen Bewegungen einzuschränken. Meine Aufgabe ist also sozusagen der Liebesdialog dieser nackten Frau mit allen Zaubereien, die man mit Stoffballen zustande bringt.

★

Damit eine Frau leicht zu bekleiden ist, muss sie einen Hals haben, Schultern und Beine. Um den Rest kümmere ich mich. Ein Kleidungsstück hängt an den Schultern, und gleichzeitig umspielt es sie. Deshalb müssen die Schultern gerade und eckig sein.

★

Ich glaube nicht, dass die moderne Frau eine Frau der Rundungen ist. Die Frau von heute hat Knochen, sie besteht praktisch nur aus Sehnen. Die Frau des 19. Jahrhunderts setzte sich aus Rundungen zusammen. Doch jetzt ist Schluss mit den Rundungen. Das war etwas für Renoir.

★

Letztendlich ist es immer der Körper der Frau, der gewinnt. Ich verstecke mich hinter ihr, um nicht [...] meine geheimste Wahrheit zu verraten: dass meine Ideen dem realen weiblichen Körper Respekt zollen.

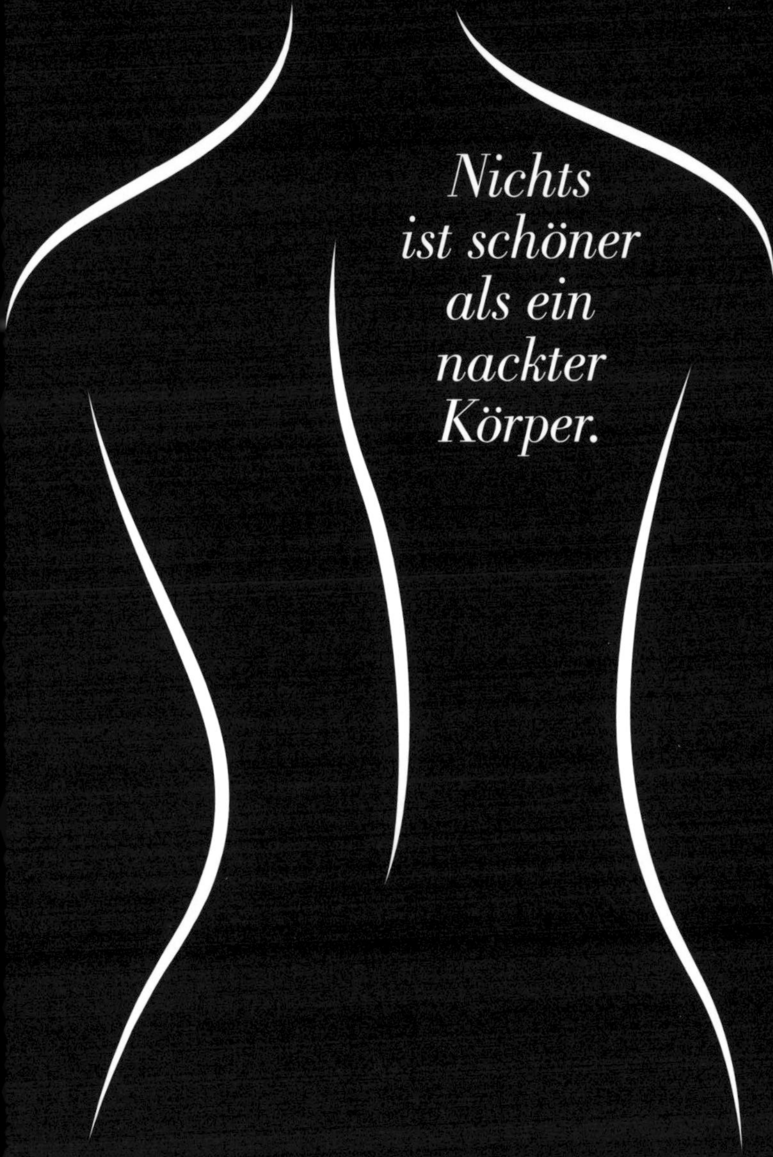
Nichts
ist schöner
als ein
nackter
Körper.

Warum fragen Sie mich immer nach den Frauen?

Weil ich Couturier bin?

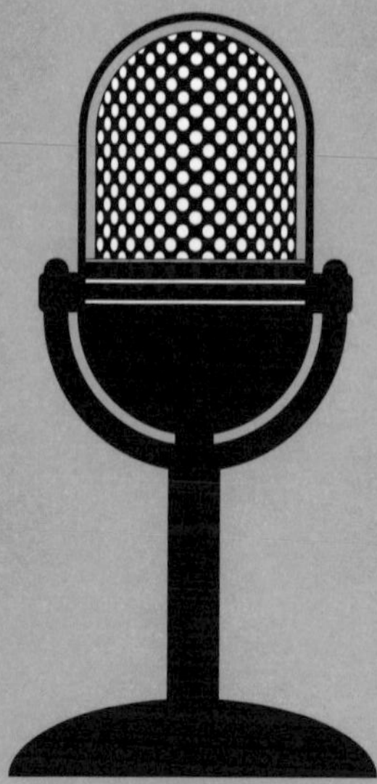

Ich liebe die Frauen. Vielleicht wegen meiner Mutter oder wegen meiner Erziehung. Ich verführe sie gern, und ich ziehe ihre Gesellschaft der von Männern vor.

★

Für einen Couturier ist es wichtig, sich mit hübschen Freundinnen zu umgeben!

★

Ich bin davon überzeugt, dass ich die Garderobe der modernen Frau kreiert habe und dass ich dadurch zu einem Zeitenwandel beitrug. Ich habe es durch Kleidung getan, was sicher weniger wichtig ist, als wenn man es mittels Musik, Architektur, Malerei oder vielen anderen Künsten vollbracht hätte. Aber wie dem auch sei, ich habe es getan.

★

Es gibt Frauen, die meine Meinung über Mode radikal verändert haben.

★

Ich danke den Frauen, die meine Kleider getragen haben, den berühmten und den unbekannten, die mir treu waren und mir viel Freude bereitet haben.

★

Mein Leben ist die Geschichte meiner Liebe zu Frauen.

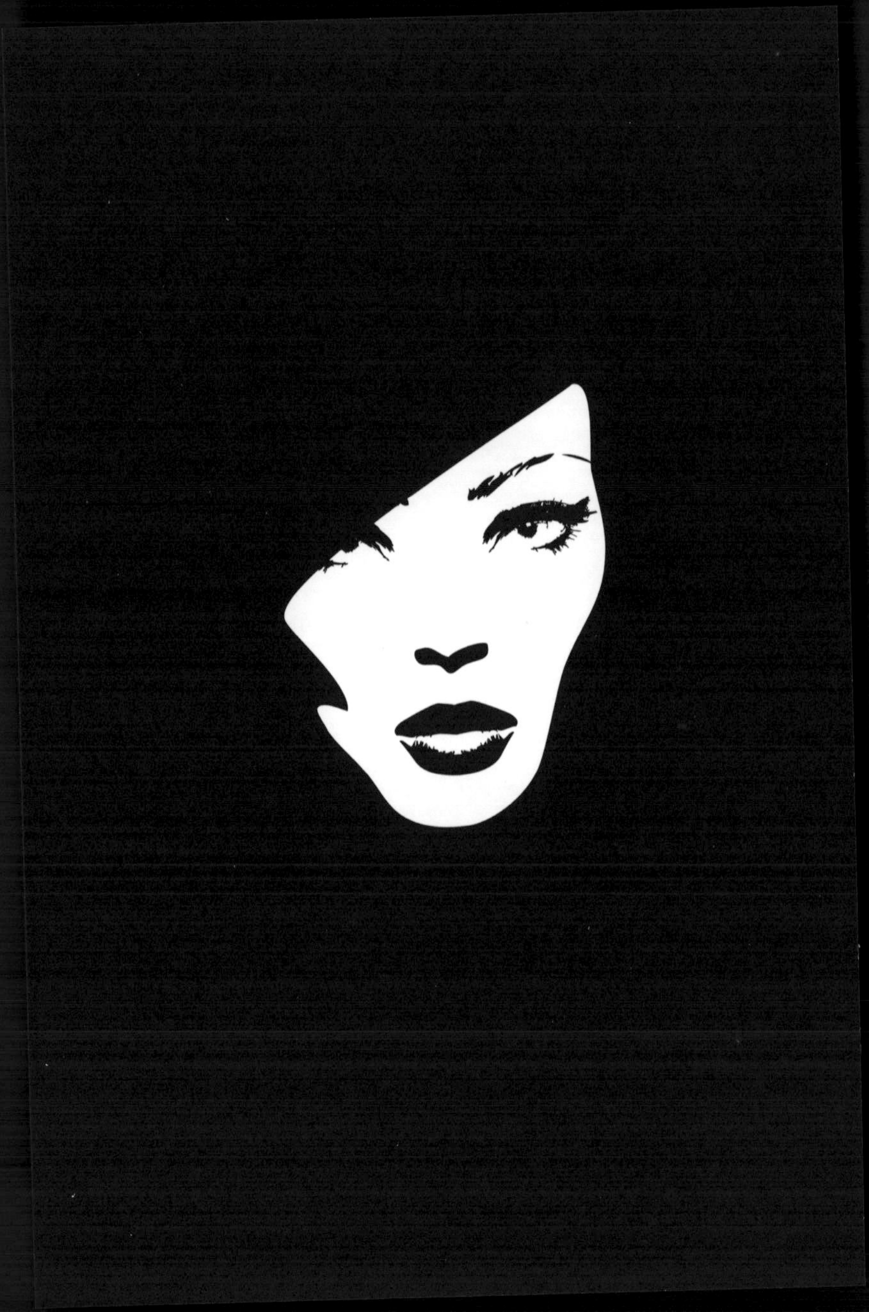

YSL ÜBER MANNEQUINS

Ich habe mich schon immer für die Kleider der Frauen interessiert. Als Kind spielte ich mit kleinen Figuren, die man meine »Puppen« nannte. Ich kleidete sie mit Begeisterung, um sie anschließend auf einer alten Marionettenbühne spielen zu lassen, die vermutlich immer noch auf dem Speicher steht. Auch heute noch assoziiere ich Mode mit Theater. Abgesehen davon existieren in der Haute Couture tatsächlich Theaterelemente, denn eine Modenschau muss wie ein Ballett organisiert werden.

★

Jedes meiner Mannequins stellt einen für mich idealen Frauentyp dar.

Was mich dazu brachte,
weiterzumachen,
war die
SCHÖNHEIT.
Nicht die Schönheit
der
Kleider,
sondern die
SCHÖNHEIT
der Mannequins
in den
Kleidern.

Für mich muss ein Kleid leben.

Um es im alltäglichen Leben
in Szene zu setzen, brauche ich die
Anwesenheit des Körpers einer Frau

Ich muss den weiblichen Körper vor mir haben. Seine Haltung, seine Eleganz. Wenn ich ein Kleid konstruiere, stütze ich mich auf seine Bewegungen, seine Gelenke. Daher rührt seine Vitalität und seine Kraft. Ich habe zwei oder drei Mannequins, die für die Kollektion mit mir zusammenarbeiten, und danach werden die Kleider anderen Mannequins angezogen, die erst kurz vor Abschluss dazukommen.

★

Meine Mannequins spielen eine einzigartige Rolle, denn sie spiegeln die verschiedenen Frauentypen wider, und ihre Körper, ihre Bewegungen und ihre Gestik inspirieren mich sehr stark. Manchmal habe ich, wenn ein Mannequin, eine Frau, eine Bewegung mit dem Stoff macht, sofort ein Kleid im Kopf. Es ist ein bisschen wie in der Arena: Das Mannequin ist der Stier, und der Couturier ist der Matador.

★

Zwischen dem Mannequin und mir besteht eine intensive Beziehung, genauso zwischen Kleid und Mannequin. Es gibt nämlich Kleider, die der Körper spontan ablehnt, sie stehen der Frau nicht. Manchmal stehen sie dafür anderen Mannequins, oder es sind einfach schlechte Kleider, die niemandem stehen.

Ich liebe meine Mannequins von ganzem Herzen. Ich würde unsere Zusammenarbeit durchaus als zärtlich bezeichnen. Alles, was sie tragen, alles, was sie sind, bezieht sich auf mich. Wenn wir mit einer Kollektion anfangen, haben sie eine gewisse Ehrfurcht, aber ich beruhige sie, sie werden gelassener, und wir sind glücklich. Mit Männern würde ich diese wunderbare Komplizenschaft niemals erreichen.

★

Als Außenstehender kann man sich die persönliche Beziehung zwischen einem Couturier und einem Mannequin, die ohne viele Worte auskommt, nicht unbedingt vorstellen. Die Mannequins spüren es, wenn die Fantasie am Werk ist, und sie sind stolz darauf, dass ihre Körper, ihre Bewegungen, ihre ganze Erscheinung bei mir diese schöpferische Kraft auslösen.

Die Auswahl der Mannequins
ist für mich sehr wichtig.
Ich wickle den Stoff um ihren Körper,
und plötzlich erscheint die Idee.
Ich rede mit ihnen nicht viel,
doch ich liebe sie wirklich.
Und sie sind alle in mich verliebt.

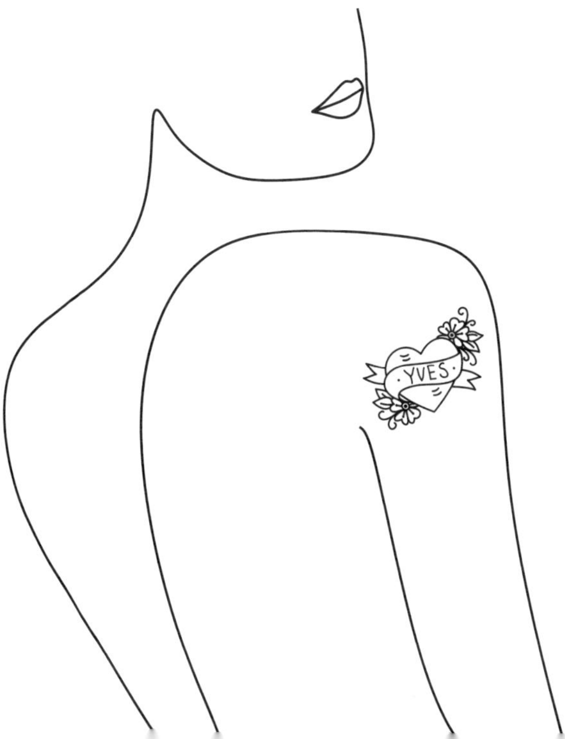

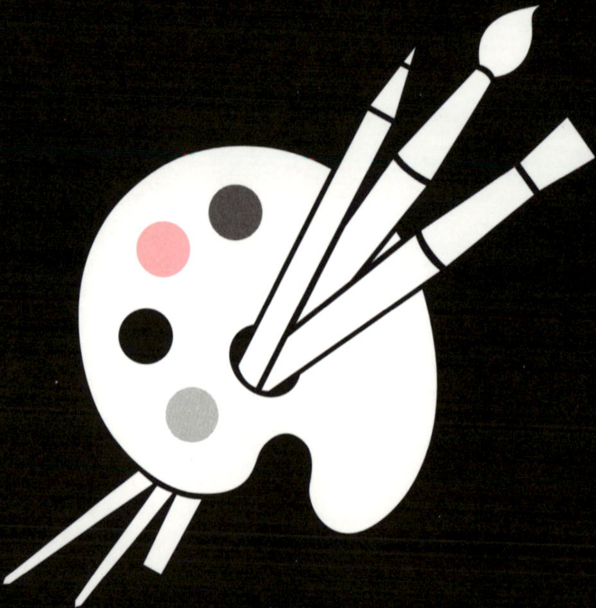

YSL ÜBER FARBEN

Mein erstes Kleid habe ich für meine Mutter entworfen. Es war ein Cocktailkleid aus schwarzem Organza. Schon damals: Schwarz.

★

Schwarz war die zentrale Farbe meiner ersten Kollektionen. Schwarze Designs, die für die Striche des Bleistifts auf dem weißen Papier standen: die Silhouette auf dem Höhepunkt ihrer Klarheit.

★

Schwarz ist für mich eine Zuflucht, denn es drückt das aus, was ich anstrebe. Mit Schwarz wird alles einfacher, geradliniger, aufregender.

★

Ich liebe Schwarz, weil es unterstreicht, definiert und stilisiert: Eine Frau in einem schwarzen Kleid, das ist wie ein Bleistiftstrich.

★

Nie ist eine Frau so schön wie im schwarzen Rock und Pullover und im Arm eines geliebten Menschen.

SCHWARZ WURDE

Im Hinterkopf habe ich stets die Vorstellung eines schwarzen Schleiers aus Chiffon oder Tüll. Das ist das Geheimnis … Das Geheimnis der Frau, das man durch das Lüften des Schleiers enthüllen möchte.

★

Ich liebe Schwarz, es ist meine Lieblingsfarbe. Ein weißes Blatt ist sehr langweilig, und ohne Schwarz gibt es keinen Strich, keine Linie. Das ist der Grund, warum die Frau bei mir oft Schwarz trägt: Es gefällt mir, wenn die Frauen den Zeichnungen entsprechen, [ihre Silhouetten] genauso klar sind.

★

Die Farbe Schwarz steht für die Linie. Und die Linie ist das Wichtigste, denn sie schafft die Silhouette.

★

Schwarz ist eine wunderbare Farbe. Mit ihr erzielt man die Linie in all ihrer Reinheit. Mit anderen Farben ist das nicht möglich.

ZUR FARBE.

Früher war Schwarz mein Ausdrucksmittel, vor Farben hatte ich Angst. Ich wusste nicht, wie ich sie einsetzen sollte, beziehungsweise glaubte ich, es nicht zu können. Erst als ich, als sehr junger Mann, zu Beginn meiner Karriere Marokko und besonders Marrakesch kennenlernte, begann ich, in Farbe zu kreieren. Die Farben von Marokko schenkten mir die Farbe.

Ich habe sehr lange gebraucht, um mich an Farben zu gewöhnen.

★

Plötzlich wurde mir klar, dass Kleider nicht aus Linien, sondern aus Farben zusammengesetzt sein sollten. Mir wurde klar, dass wir aufhören müssen, ein Kleid als Skulptur anzusehen, und anfangen müssen, es als Mobile zu begreifen. Bisher war die Mode steif, wir müssen sie in Bewegung bringen.

★

Oran ist eine schillernde Stadt, ein Patchwork von tausend Farben unter der stillen Sonne Nordafrikas.

★

In Marrakesch trifft man an jeder Straßenecke Gruppen von Männern und Frauen in rosafarbenen, blauen, grünen und violetten Kaftanen an, die durch die Pracht und die Sattheit dieser Farben beeindrucken. Und immer wieder verblüfft es, dass diese Gruppen, die wie gemalt wirken, die wie Skizzen von Delacroix aussehen, nichts anderes sind als Improvisationen des Lebens.

Meine Lieblingsfarbe nach Schwarz: Rosa.

★

Rosa ist deshalb eine so herrliche Farbe, weil sie an die Kindheit erinnert.

★

Diese Reflexion des Himmels und der Sonne im Spiegel, ich wünschte, dass daraus ein Kleid werden könnte.

★

Ich liebe Gold, eine Farbe, die die Persönlichkeit einer Frau auf magische Weise reflektiert; es ist die Farbe der Sonne.

★

Ich liebe Rot, weil es aggressiv und wild ist, und das Beige der Wüste.

★

Gold, weil es die Reinheit verkörpert – und eine Quelle darstellt, die den Körper umfließt, ihn zur Linie werden lässt.

Rot
ist die Grundlage des Make-ups,
rot sind die Lippen,
die Fingernägel.

Rot
ist eine edle Farbe,
die eines Edelsteins – des Rubins –
und eine gefährliche Farbe, aber manchmal
muss man eben mit der Gefahr spielen.

Rot
ist eine Farbe der Religion
und die Farbe des Bluts,
und es ist eine königliche Farbe,
es ist die Farbe von Phaidra und
vielen anderen Heldinnen.

Rot
ist die
Farbe des Feuers,
und
Rot
ist wie ein Kampf zwischen
Leben und Tod.

Matisse hat meine Einstellung zu Farben wesentlich geprägt, denn anfangs glaubte ich nur an Schwarz.

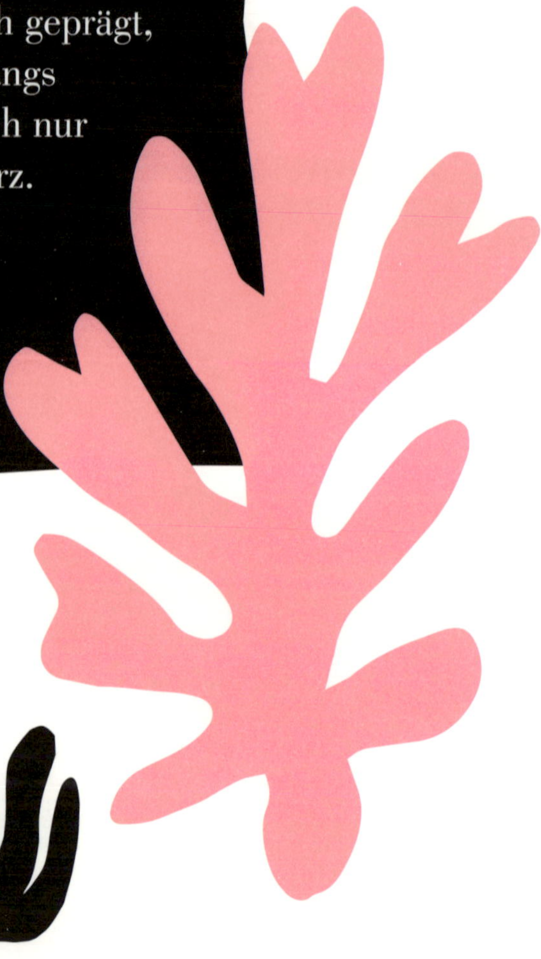

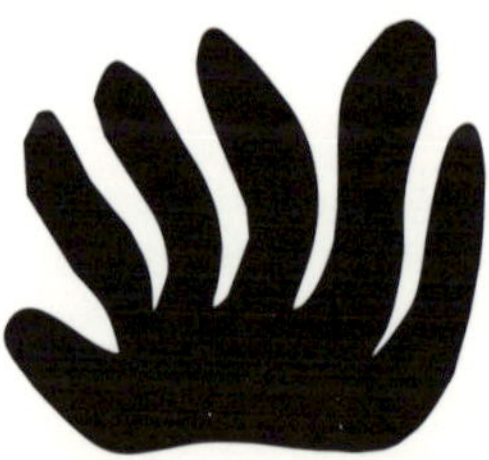

Wie für einen Maler ist auch für mich und meine Arbeit das Licht von grundlegender Bedeutung.

★

Bei Velásquez zum Beispiel sind die Kleider wie Meere. Bei Manet liebe ich die üppigen Weißtöne.

★

Picasso ist der Inbegriff eines Genies. Diese Vitalität und Freimütigkeit. Aber sie verkörpern nicht die Reinheit. Picasso steht für das Barock. Er nutzt mehrere Möglichkeiten, schießt mit mehreren Bögen, hat für jeden Bogen viele Pfeile.

★

Bei den Farben ließ ich mich von Braque und Matisse inspirieren. Wenn die Arbeit an einer Kollektion beginnt, treffen die unterschiedlichsten Stoffe ein, die Seiden liegen vor mir, und plötzlich sehe ich eine Farbe, die ich wunderbar finde, ich schnappe sie mir und mache ein Kleid daraus.

★

Mondrian ist die Klarheit an sich, in der Malerei kann sie nicht mehr übertroffen werden. Diese Klarheit, die der des Bauhauses entspricht. Das Meisterwerk des 20. Jahrhunderts ist ein Mondrian.

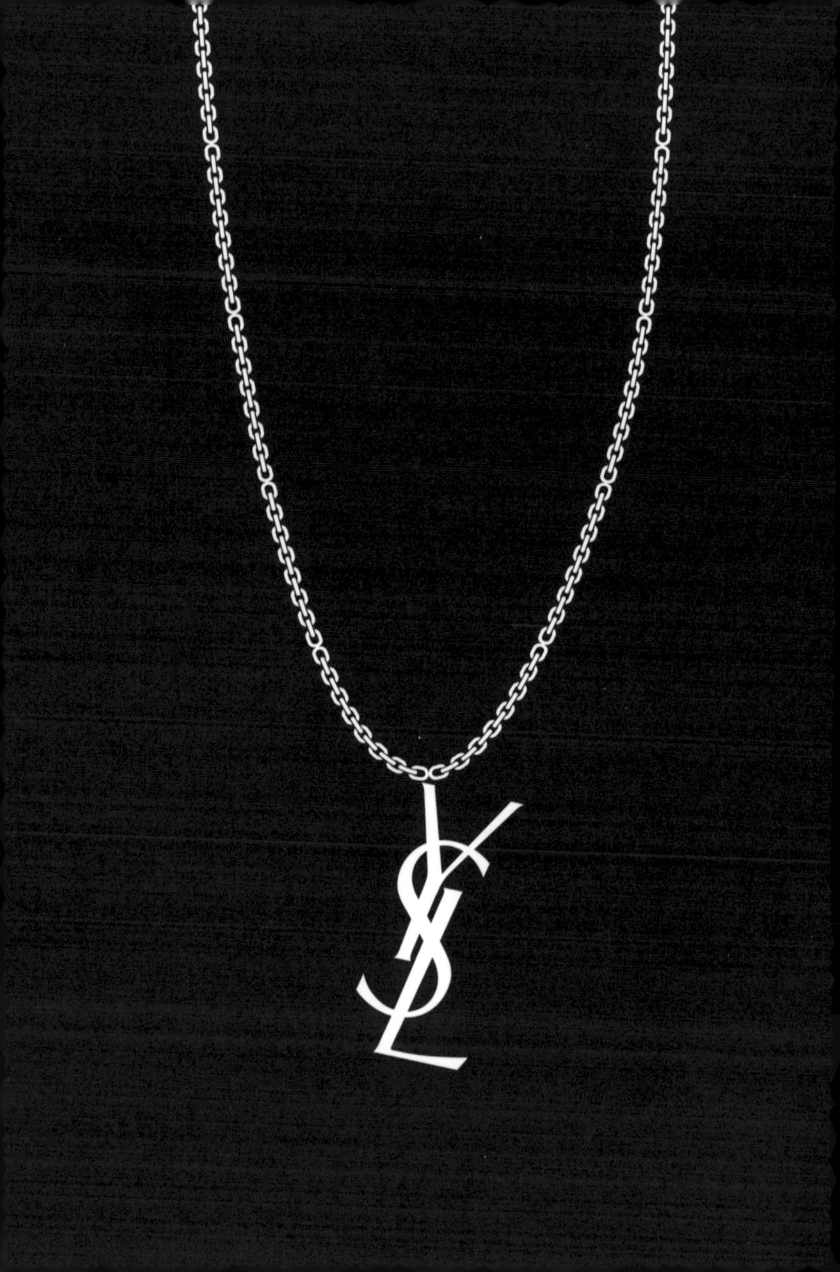

YSL ÜBER ACCESSOIRES

In meiner Vorstellung verschmelzen die Accessoires mit einem Kleidungsstück zu einer Einheit und machen es gleichzeitig einzigartig.

★

Eleganz besteht nicht nur aus einem Kleid und ist selbstverständlich auch nicht eine Frage des Geldes. Es ist eine Geste, die ganze Haltung, eine Schlichtheit, die sich mittendrin sogar erlauben kann, frech zu sein. Zum Beispiel ein Gürtel aus Jett und Strass über einem schwarzen Pullover und Rock, dazu ein schwarzer Musselinschal, viele Armbänder, schwarze Strümpfe und Schuhe: In meinen Augen verkörpern sie Eleganz. Eine derart angezogene Frau fühlt sich in ihrer Kleidung wohl, und ihre Frechheit besteht aus der ungewöhnlichen Wahl ihrer Accessoires und ihres Schmucks. Ohne den Ausdruck der eigenen Persönlichkeit würde eine Frau verloren sein, vor Mode fürchtete sie sich, sie könnte ihren eigenen Stil nicht finden.

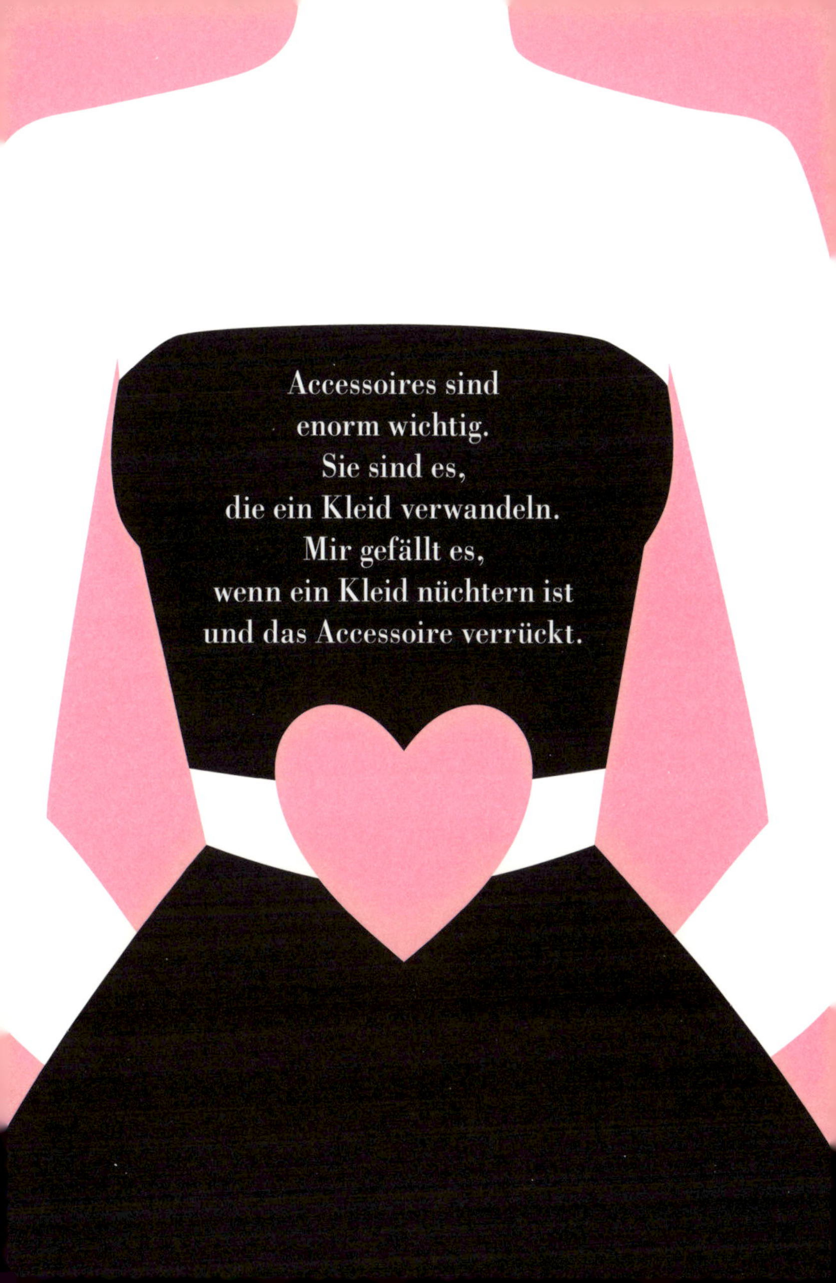
Accessoires sind
enorm wichtig.
Sie sind es,
die ein Kleid verwandeln.
Mir gefällt es,
wenn ein Kleid nüchtern ist
und das Accessoire verrückt.

Ich liebe Goldknöpfe,

ich finde, dass sie

für Frauen ein passender

Tagesschmuck sind.

Das Accessoire verwandelt eine Frau, ein Kleid. Ich liebe Armbänder, wie die afrikanischen Armbänder oder die goldenen Armreife aus Kreta, mehrreihige Goldketten, Korallen, Jade, schwarze Lackgürtel, schwarze Strümpfe, Musselinschals, Bänder und Pumps: Klassische Pumps aus schwarzem Echsenleder stellen ein geeignetes Fundament dar. Und ich liebe Perlen.

★

Keine Schmucksteine, keine Farben, nichts, was klimpert. Nur Gold oder noch lieber Vergoldetes, denn ich mag nur falschen Schmuck. Für mich ist ein Gürtel ein Schmuckstück und kein Korsett.

★

Beim Entwerfen von Accessoires denke ich an Ingres, an Delacroix. Ich stelle mir das Kleid vor, das von Vermeers Mädchen mit dem Perlenohrring, *ausgestellt im Museum in Den Haag, getragen wurde, von dem nur das Oberteil sichtbar ist.*

Was eine Frau alt wirken lässt, sind nicht ihre Falten oder ihre weißen Haare, sondern ihre Bewegungen. Und genau da spielen Accessoires eine große Rolle.

★

Meine Accessoires, das sind die Gesten. Ein Schal, mit dem man spielen kann, eine quer über der Schulter getragene Tasche, mit der man die Hände frei hat – nichts ist hässlicher als eine am Arm getragene Handtasche. Ein lockerer Gürtel, unbedingt aus Kettengliedern, der die Hüften auf hübsche Weise betont, und Taschen. Taschen sind sehr wichtig. Stellen Sie sich zwei Frauen vor, die beide ein Schlauchkleid aus Jersey tragen. Die, die am Kleid Taschen hat, wird sich der anderen überlegen fühlen.

★

Ich liebe es, einer Frau dabei zuzusehen, wie sie mit ihren Handschuhen spielt.

★

Jede Frau wird ihren Kleidungsstücken eine andere Persönlichkeit verleihen, je nachdem, mit welchen Accessoires sie diese kombiniert.

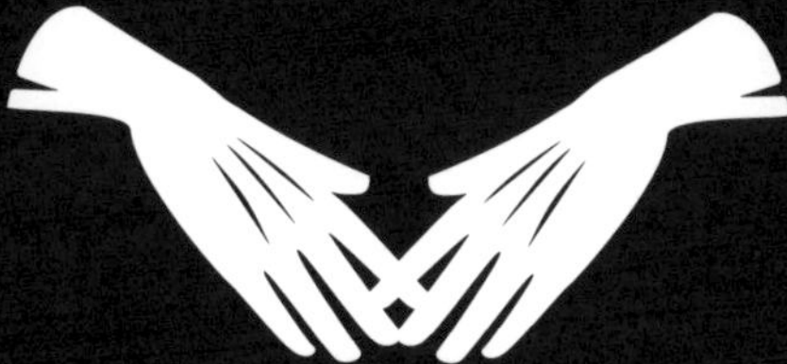

HANDSCHUHE
erwecken,
ebenso
wie Schmuck,
wahre
LEIDEN-
SCHAFTEN.

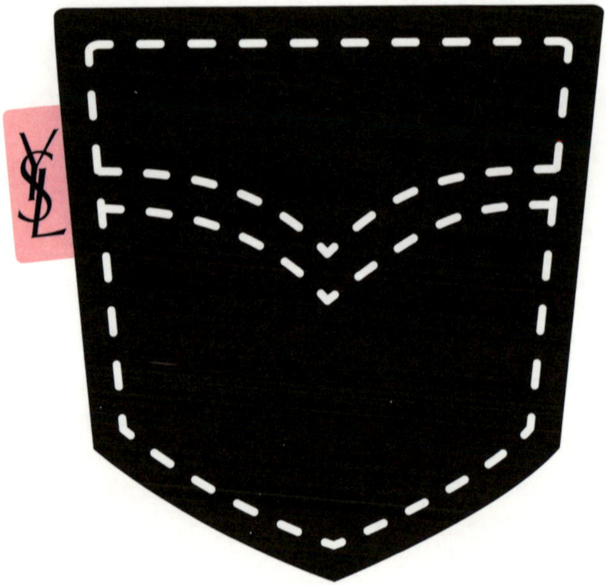
YSL

YSL ÜBER JEANS UND SMOKING

Vor Jeans habe ich überhaupt keine Angst. Ich finde, dass sie ein wunderbares Kleidungsstück sind. Irgendwie sind sie die Kleidung unserer Epoche.

★

Von den Beatniks können wir lernen, wie elegant Bluejeans sind.

★

Die Jeans ist das Kleidungsstück unserer Zeit. Sie wurde nicht aus einer Laune heraus kreiert und auch nicht von einem Designer für eine Saison, sondern sie stellt, genau wie Hose oder Pullover, etwas Definitives dar. Ich habe Kleidung aus Denim kreiert, doch ich werde niemals die Perfektion des Originals erreichen.

★

Nach der Jeans gibt es nichts mehr. Sie stellt die perfekte Anpassung eines Kleidungsstücks an eine Epoche dar. Diese Anpassung ist sehr wichtig.

★

Früher war ich in Traditionen gefangen. Indem ich den Frauen jetzt die Möglichkeit gebe, ebenso wie die Jugend in Bluejeans zu gehen, schenke ich ihnen die Illusion der Jugend. Es ist mir gelungen, sie durch eine neue Einstellung zu befreien. Nicht durch eine neue Art, die Dinge zu mixen.

Heute würde ich gern
etwas erfinden,
das
nach den Jeans
kommt.

Es gibt
bestimmt
noch etwas.

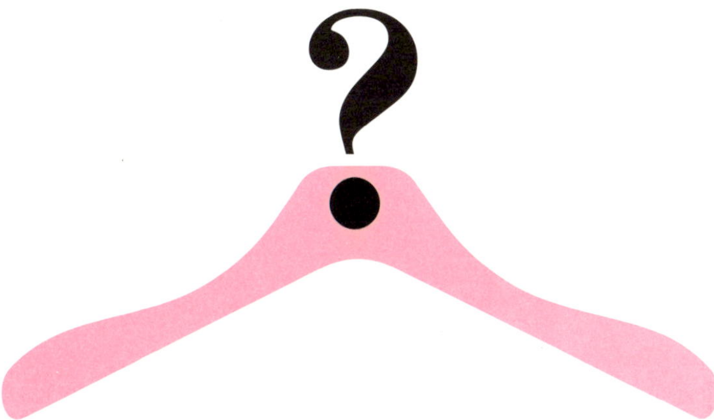

Nicht jede

Frau

kann eine

Hose

tragen,
aber es kann
auch nicht jede

Frau

jedes

Kleid

tragen.

In einer Hose wirkt eine Frau nur dann verführerisch, wenn sie sie auf eine vollkommen feminine Weise trägt und nicht so wie George Sand. Eine Hose ist etwas Kokettes, ein zusätzlicher Reiz, und nicht ein Symbol der Gleichheit, der Befreiung etc. Man kann sich Freiheit und Gleichheit nicht einfach zusammen mit einer Hose kaufen, denn das ist eine Frage der Geisteshaltung.

★

Als ich die Hose einführte, wurde das in Amerika zu einer Staatsaffäre.

★

Müsste man eines Tages die Frau der 70er-Jahre darstellen, würde man sie wohl in Hosen zeigen.

Ein Foto von Marlene Dietrich im Herrenanzug hat mich tief beeindruckt. Eine Frau, die sich wie ein Mann anzieht – gleichgültig, ob im Smoking, in einem Blazer oder einer Uniform –, muss unglaublich weiblich sein, um ein Kleidungsstück tragen zu können, das nicht für sie gedacht ist.

★

Eine Frau im Hosenanzug wirkt alles andere als maskulin. Der perfekte, strenge Schnitt hebt ihre Weiblichkeit, ihren Charme und ihre Vielschichtigkeit stark hervor. Sie identifiziert sich mit dem Körper eines Jugendlichen, und das bedeutet, dass sie den großen Wandel der gesellschaftlichen Normen bejaht, der zweifellos zur Gleichstellung der Geschlechter führen wird. Diese androgyne, dem Mann gleichende Frau zerstört das traditionelle, veraltete Bild einer klassischen Weiblichkeit.

★

Seit 1966, als in meiner Kollektion der erste Smoking präsentiert wurde, hat sich die Idee einer Frau im Herrenanzug immer weiterentwickelt, wurde vertieft, und prägt heute sogar das Bild der modernen Frau.

Wenn ich von all meinen

Modellen

eines auswählen müsste,
dann wäre es zweifelsohne der

Smoking.

In gewisser Weise ist er das

Marken-

zeichen

von Yves Saint Laurent.

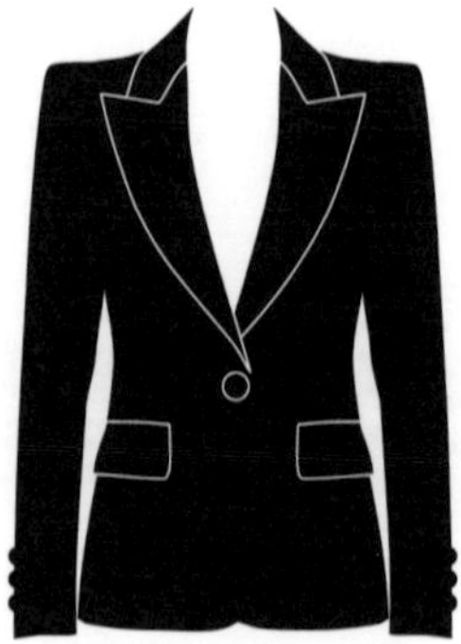

Für eine Frau ist

DER SMOKING

ein unverzichtbares Teil,
in dem sie sich stets
modern angezogen fühlen wird,
denn er ist ein stilvolles Kleidungsstück
und kein modisches.
Moden vergehen,
Stil ist zeitlos.

Auf der Straße geht alles schneller als in den Modesalons. Mir ist klar geworden, dass es fünf Jahre her ist, seit ich meinen ersten Smoking kreiert habe. Es war kein Erfolg in der Haute Couture, im Prêt-à-porter dagegen war er gewaltig.

★

Der Smoking, den ich 1966 in die Mode eingeführt, 1981 wieder aufgegriffen und seither nie mehr aufgegeben habe, ist ein Kleidungsstück für die Ewigkeit.

★

Luxus gefällt mir nur, wenn er »mager« ist. Ein junges Mädchen im schwarzen Smoking. Ein langes Kleid aus schwarzem Jersey inmitten von Stickereien und Pailletten. Man ist meist zu »angezogen«.

Christian D.
Gabrielle C.
Cristóbal B.
Hubert de G.
Elsa S.

YSL ÜBER ANDERE COUTURIERS

Für Christian Dior arbeiten zu dürfen war für mich magisch. Ich empfand ihm gegenüber eine grenzenlose Bewunderung. […] Er hat mich die Grundlagen meiner Kunst gelehrt. Ich verdanke ihm den wichtigeren Teil meines Lebens, und unabhängig davon, was danach in meinem Leben geschah, werde ich niemals die Jahre vergessen, die ich an seiner Seite verbrachte.

★

Dior ist ein herrliches Gemälde, das man sich an die Wand hängt. […] Dior ist der Schmuck, das Festliche, die Konstruktion … die barocke Konstruktion.

★

Er hat mir das Wesentliche beigebracht. Später kamen andere Einflüsse hinzu, die sich mit dem Fundament vereinen konnten, das ich dank ihm aufgebaut hatte … und sie stießen auf wunderbar fruchtbaren Boden. Diese Einflüsse ermöglichten es mir, mich durchzusetzen, mich zu entwickeln, stärker zu werden, endlich mein eigenes Universum zu schaffen.

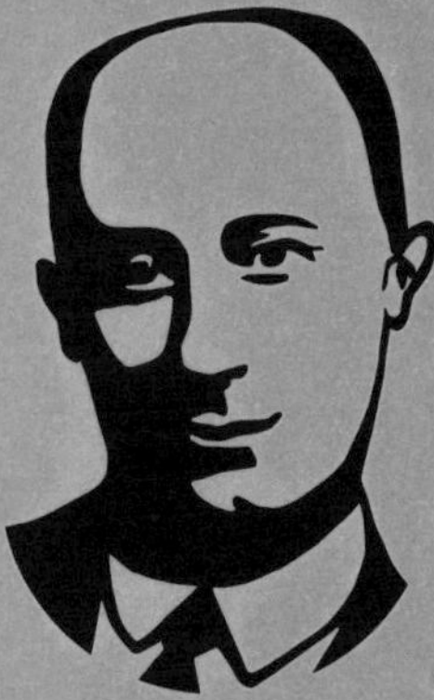

Ich brachte es nie
über mich, ihn
Christian
zu nennen, für mich war er
Monsieur Dior.

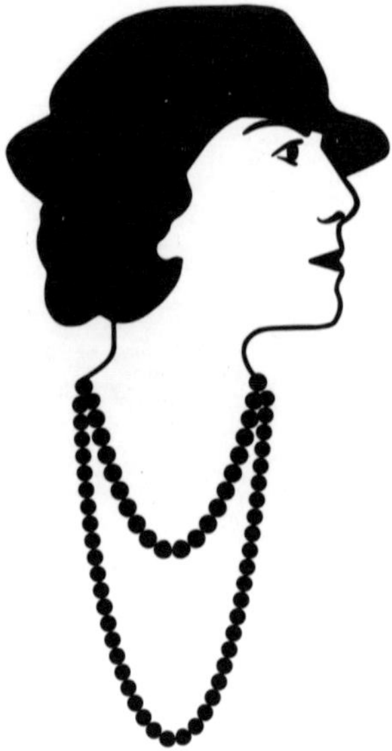

Ich fühle mich sehr geschmeichelt, dass sich

Mademoiselle Chanel

für das interessierte, was ich machte, und dass sie mich zu ihrem Nachfolger erklärte. Doch der Behauptung, dass ich sie kopiere, muss ich widersprechen. Vor allem hätte ich keinen Erfolg, wenn ich sie tatsächlich kopieren würde.

Anstatt den Frauen ein Panoptikum von Kleidungsstücken anzubieten, die sie in kurzlebigen Rollenbildern festhielten, strebte Chanel unermüdlich eine Beständigkeit an, die Mode zeitlos macht. Diese Erkenntnis hat mich dazu gebracht, mir bestimmte Couturier-Ticks abzugewöhnen. Ich nahm mehr Abstand vom Zeichnen, um mich stärker auf den Körper und das Material zu konzentrieren.

★

Der große Unterschied zwischen mir und Mademoiselle Chanel ist, dass ich versuche, den Frauen einen Stil anzubieten, der es ihnen ermöglicht, meine Kleider in ihren Stil zu integrieren und ihre Persönlichkeit zu entwickeln. Dagegen sieht eine Frau, die sich in Chanel kleidet, einfach nur Mademoiselle Chanel ähnlich. Ein weiterer großer Unterschied zwischen ihr und mir besteht darin, dass ich mein Zeitalter liebe, ich mag die Nachtlokale sehr, auch wenn ich sie nicht oft besuche, ich mag jene Leute, die sie Yé-yés nennt, ich mag die Boutiquen, ich mag all das, was unser Zeitalter ausmacht, und all das hat einen immensen Einfluss auf alles, was ich mache.

Zwei Arten von Couturiers sind mir extrem zuwider: Erstens der Alchimistentyp, der sich, mit weißem Kittel angetan, in sein Labor stellt und, bevor er zum Stift greift, Le Corbusier anruft. Der ist einfach zu durchschaubar. Und zweitens der Geheimnisvolle, der sich nie in der Öffentlichkeit blicken lässt und der sein eigenes Zeitalter ignoriert. Beide liegen falsch.

★

Meiner Ansicht nach gibt es drei Sorten von Couturiers. Die Großen, die Echten, die sehr schlichte Kleider oder Kostüme kreieren, in die sich Frauen sofort verlieben. […] Dann sind da noch diejenigen, die ich als »Schneiderinnen« bezeichne, Leute, die ihr Handwerk gewissenhaft ausüben, dies aber auf eine sehr langweilige und gutbürgerliche Art. Und schließlich gibt es die Möchtegern-Couturiers, die Angeber, die immer laute Musik brauchen, die den Mannequins Mickymausohren aufsetzen, die Frauen mit Eisen und Leder ausrüsten … Die, kurz gesagt, all das machen, was ich nicht verstehen kann, was mir unbegreiflich ist.

ICH MACHE KLEIDUNG,

kein Panoptikum.

*Unter den
großen Couturiers gibt es nur
sehr wenige*

GENIALE COUTURIERS

…

*[…] Noch weniger als weniger.
Genauer gesagt
gibt es meiner Ansicht nach
nur zwei davon:*

GIVENCHY UND MICH

*Die übrigen, das ist die Masse,
das blanke Entsetzen.
Die »Mode« schlechthin.
Ein Nichts.*

Karl Lagerfeld hat es mit Chanel gut hinbekommen, die anderen finde ich nicht gut.

★

Ich hatte mich mit der traditionellen Eleganz identifiziert, Courrèges hat mich da herausgeholt. Seine Kollektion hat mich inspiriert, und ich habe mir gesagt: »Ich kann das besser machen.«

★

Ich hatte niemals vor, mich mit den Meistern zu messen, ich wollte mich ihnen bestenfalls annähern und von ihnen lernen.

★

Ich gebe ehrlich zu, dass ich meine Kollegen in der Haute Couture nicht sehr bewundere. Die, die ich bewundert habe, sind tot.

Ich will jene ehren, an denen ich mich orientiert habe. Vor allen anderen Christian Dior, der mein Lehrmeister war und der mich in die Geheimnisse der Haute Couture einweihte. Balenciaga, Schiaparelli. Natürlich auch Chanel, der ich viel verdanke und die, wie man weiß, die Frauen befreit hat. Was mir Jahre später ermöglichte, sie selbst zu ermächtigen und auf gewisse Weise die Mode zu befreien.

★

Chanel hat die Frau verstanden! Sie hat ihre Zeit verstanden und die Frau ihres Zeitalters geschaffen, wohl deshalb hat sie mich als ihren einzigen Nachfolger bezeichnet. Als sie gestorben ist, wuchs mein Erfolg, weil sich mein Stil entfalten konnte.

★

Balenciaga ist der Chic, die Verwegenheit, ein sehr provokantes und sehr subtiles Gesamtwerk. Dior war ein außergewöhnlicher Mensch, auf eine bestimmte Weise kühn, aber es war nicht diese Art von Kühnheit, die einen wie eine Ohrfeige trifft.

★

Mir fehlt am meisten, dass es keine Riesen mehr zu bekämpfen gibt. Im Wettstreit mit Givenchy, Balenciaga und Chanel übertraf ich mich selbst.

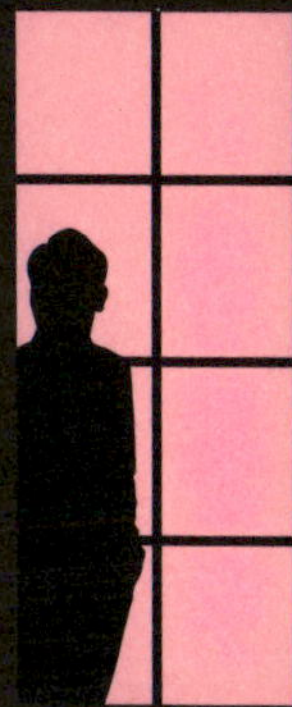

Nach 42 Jahren bin nur noch ich übrig. Ich bin immer noch da und treu auf meinem Posten. Der letzte Couturier. Das letzte Haute-Couture-Haus.

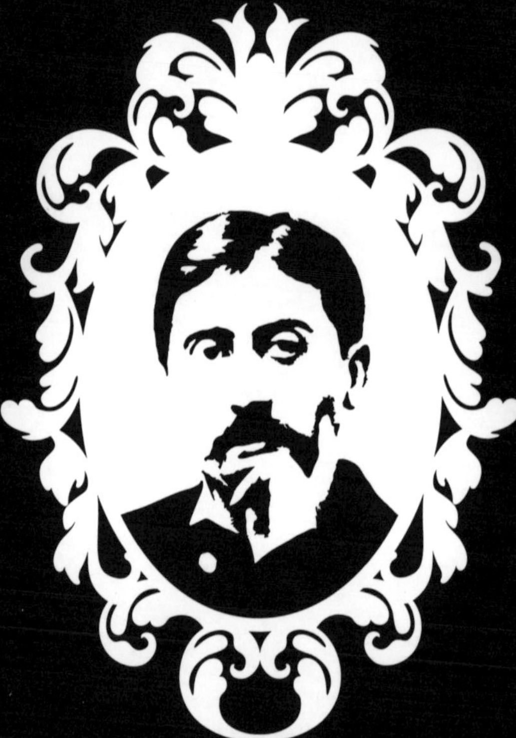

YSL ÜBER MARCEL PROUST

Marcel Proust ...
Mein Leben
geht auf in
seinem Werk.

Kreativ sein ist schmerzhaft, bei der Arbeit beherrscht mich das ganze Jahr über beklemmende Angst. Ich werde zum Einsiedler, ich gehe nicht aus, es ist ein hartes Leben, und deshalb verstehe ich Proust so gut. Ich bewundere so sehr das, was er über das Elend des Schaffens geschrieben hat. Ich erinnere mich an einen Satz aus Im Schatten junger Mädchenblüte*: »Aus den Tiefen welchen Schmerzes hatte er diese grenzenlose Schaffenskraft geschöpft?« Und es gäbe noch eine ganze Reihe weiterer wunderbarer Zitate, in denen es um genau diese Qual geht, so wie jene, die ich abgeschrieben und eingerahmt über meinen Schreibtisch in der Avenue Marceau gehängt habe.*

★

Er war ein Mensch, der von seinem Werk regelrecht aufgefressen wurde, ein Mensch, der schwer litt und sein Leben dem Ziel opferte, das perfekteste und erstaunlichste Werk zu schaffen.

★

Ich glaube, ich hätte mit ihm befreundet sein können, doch er war ein überaus schwieriger Mensch … Vielleicht hätte er mich überhaupt nicht als Freund gewollt.

YVES SAINT LAURENTS ANTWORTEN AUF PROUSTS FRAGENKATALOG (1968)

Was ist Ihr wichtigster Charakterzug?
— Willenskraft.

Ihr größter Fehler?
— Schüchternheit.

Welche Eigenschaft bevorzugen Sie bei Männern?
— Nachsichtigkeit.

Und bei Frauen?
— Dasselbe.

Welche historische Figur schätzen Sie am meisten?
— Mademoiselle Chanel.

Ihr Lieblingsheld im wirklichen Leben?
— Die Menschen, die ich bewundere.

Wer wären Sie gern gewesen?
— Ein Beatnik.

Was ist für Sie der Inbegriff irdischen Glücks?
— Mit den Menschen schlafen, die ich liebe.

Was ist für Sie das Schlimmste?
— Die Einsamkeit.

Wo würden Sie gern leben?
— In der Sonne, am Meer.

Welche Gabe hätten Sie gern?
— Physische Stärke.

Welchen Fehler verzeihen Sie am ehesten?
— Verrat.

Wer ist Ihr Lieblingsmaler?
— Picasso.

Und Ihr Lieblingsmusiker?
— Bach … und die Musiker des 19. Jahrhunderts, die Opernkomponisten.

Und Ihre Lieblingsautoren, mal abgesehen von Proust?
— Ich liebe Proust so sehr, dass ich nur ungern Zeit mit den Werken anderer Schriftsteller verbringe. Doch ich mag Céline und Aragon sehr.

Welche ist Ihre Lieblingsfarbe?
— Schwarz.

Was hassen Sie mehr als alles andere?
— Jenen Snobismus, der auf Geld gründet.

Haben Sie eine Devise?
— Ich würde gern die von Noailles zitieren: Lieber Ehre in der Einzahl als Ehrungen in der Mehrzahl.

Von allen Schriftstellern ist Proust derjenige, der am einfühlsamsten und wahrhaftigsten über Frauen geschrieben hat. Und dabei denke ich weniger an den Proust, der kunstvoll die Kleider beschrieben, als an jenen, der die Figuren gezeichnet hat.

★

Ich liebe die Frauen und ihre Schönheit. Ich wollte sie immer schöner machen, noch kostbarer erscheinen lassen. Genau wie Marcel Proust, den ich so sehr verehre: Keiner hat die Frauen so wunderbar beschrieben wie er.

Ich liebe

ALLES VON PROUST,

am interessantesten aber fand ich die »Abende bei Madame Verdurin«, denn ich begeistere mich für Prousts Liebe für das Detail, für das Beschreiben, weil es eine verlorene Atmosphäre wiederauferstehen lässt. Die Mode, die Art und Weise, in der die Leute ihre Ellbogen auf dem Tisch aufstützen, die Tassen halten … die Stimmung noch mehr als die psychologische Charakterisierung der Figuren.

Ich lese Proust wieder und wieder. […]
Ich werde seiner nie müde.
Ich schlage den Roman irgendwo auf
und finde dort seltsamerweise
die Antwort auf meine
Fragen und Probleme.

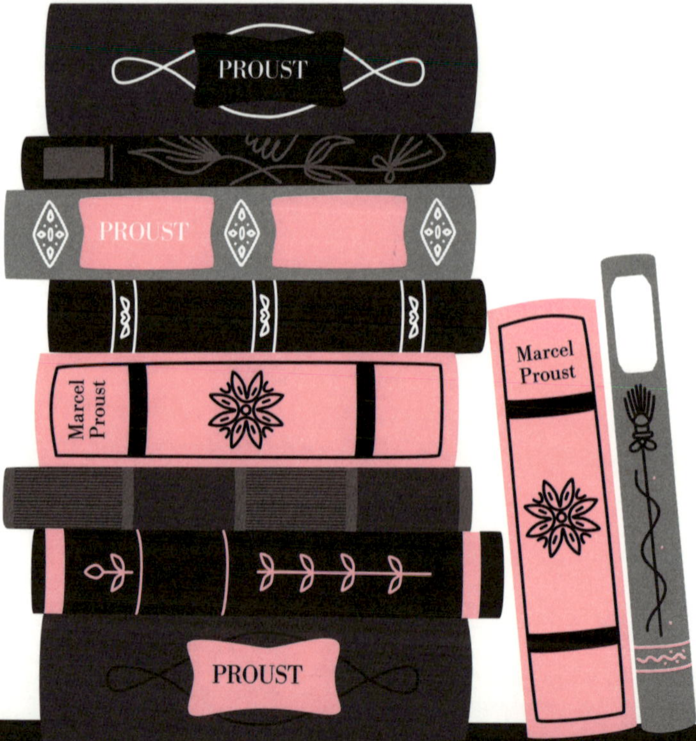

Die Suche … *Ich will nie aufhören, sie zu lesen. Ich fange hinten wieder an oder in der Mitte. An dem Tag, an dem ich sie ganz gelesen haben werde, wird es mir vorkommen, als sei etwas in mir zerbrochen. Ich warte damit noch, und gleichzeitig lockt es mich. Vielleicht ist das auch ein bisschen Aberglaube.*

★

Im Alter von 18 Jahren habe ich mit der Suche nach der verlorenen Zeit *angefangen. Ich greife häufig danach, ohne sie zu Ende zu lesen. Ich muss diesen außergewöhnlichen Roman immer bei mir haben. Irgendwie habe ich die Befürchtung, dass mir etwas Schlimmes zustoßen wird, sobald ich ihn zu Ende gelesen habe. Vielleicht sogar der Tod?*

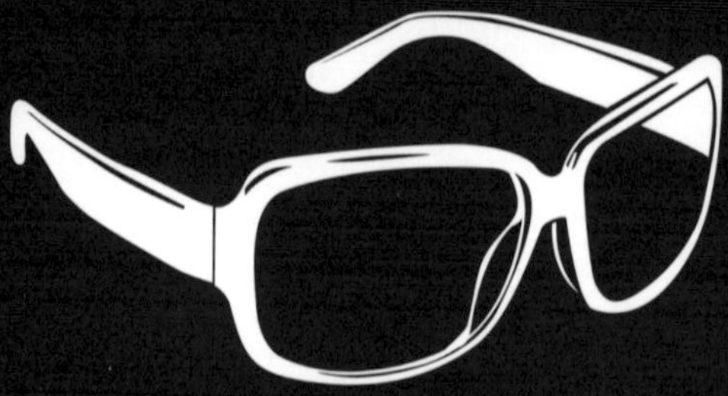

YSL
ÜBER
YSL
(2)

Das, was ich stets, und sogar mitunter unbewusst, im Blick habe, ist mein Werk, und ich weiß nur zu gut, dass ich mich in die Konzentration und Stille zurückziehen muss. Auch weiß ich, dass es keine Legende ohne Werk gibt, und wie ich es schon als Kind verkündete, will ich zur Legende werden.

★

Bei Dior nannte man mich den »Kronprinzen«. Die Presse taufte mich »kleiner Prinz«. Mein Vater nannte mich »mein König«. Mittlerweile gelte ich als Mythos. Kronen sind oft eine schwere Bürde.

★

Erfolg kann man nicht stehlen. Man kann ihn nur rechtfertigen oder seine Bewunderer enttäuschen.

★

Ich liebe mich ein bisschen, um anderen zu gefallen. Anderen zu gefallen ist sehr wichtig. Übrigens mögen das alle gern.

★

Ich trage in mir sehr viel Liebe, und sie wird mir großzügig erwidert.

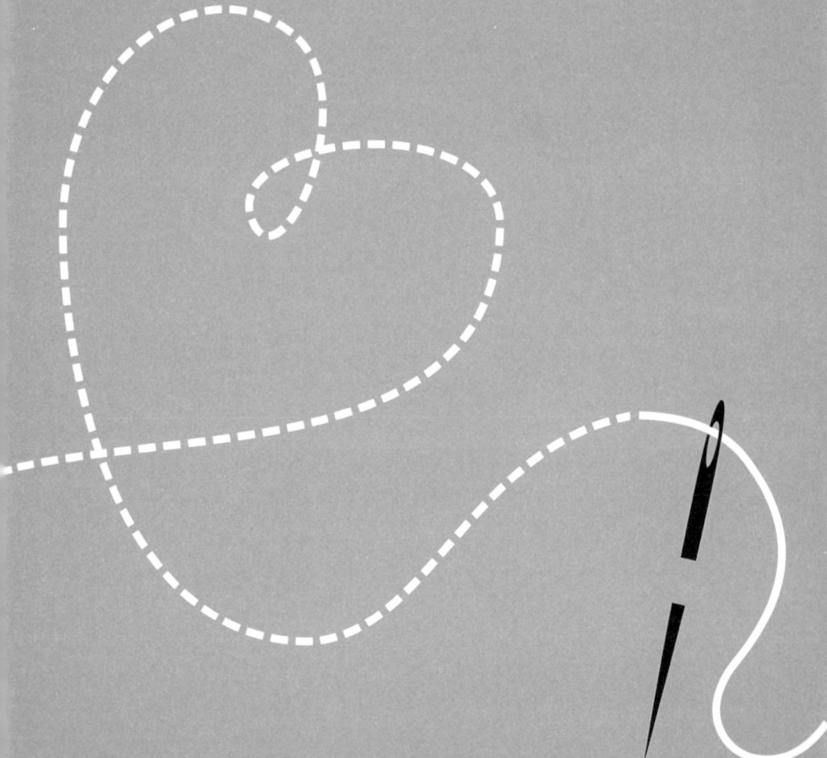

Das Herz ist so etwas wie der Leitfaden meines Lebens.

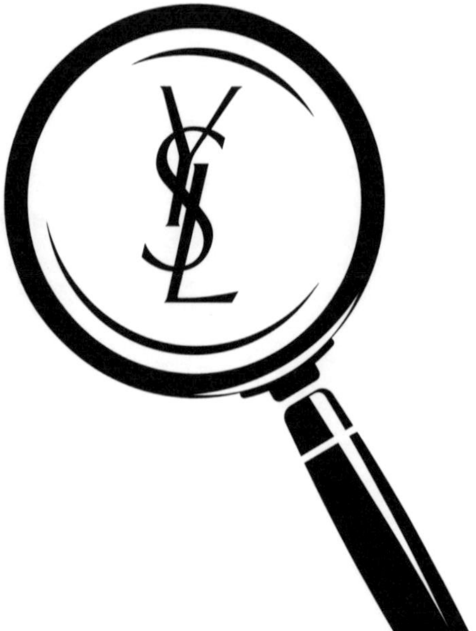

Ich würde mir wünschen,
dass man in hundert Jahren
meine Kleider und meine
Zeichnungen studiert.

Es ist mir nicht bewusst, ein Mythos zu sein. Ich wundere mich immer noch, wenn mich die Leute auf der Straße erkennen.

★

Glücklicherweise ist mir eine bestimmte destruktive Art des Leidens erspart geblieben: jene, die durch den Mangel an Anerkennung verursacht wird.

★

Das Überraschende ist, dass die jungen Leute mich sehr gern haben, bei der Jugend bin ich sehr beliebt, sogar bei den sehr jungen. Ich glaube, es liegt daran, dass ich mein ganzes Leben lang einen Teil meiner Kindheit und meiner Jugend in mir bewahrt habe. Das bewirkt, dass ich ihnen ähnlich bin.

Ich kann nicht besonders gut zeichnen, ich bringe nur wenig Ausdruck zustande. Ich wäre gern ein Maler … Aber ich wäre gern so vieles!

★

Ich wäre gern Schriftsteller geworden. Eine Zeit lang habe ich viel geschrieben. Aber dann habe ich aufgehört, denn ich kann nicht diesen furchtbaren Beruf ausüben, der mich beinahe das ganze Jahr über lähmt, und gleichzeitig schreiben. Ich habe den Kopf immer voller Kleider.

★

Ich war zwischen Theater und Mode hin- und hergerissen. Es war die Begegnung mit Christian Dior, die den Ausschlag für die Mode gab.

★

Das Schicksal hat mich verwöhnt. Ich habe genau das getan, was ich tun wollte.

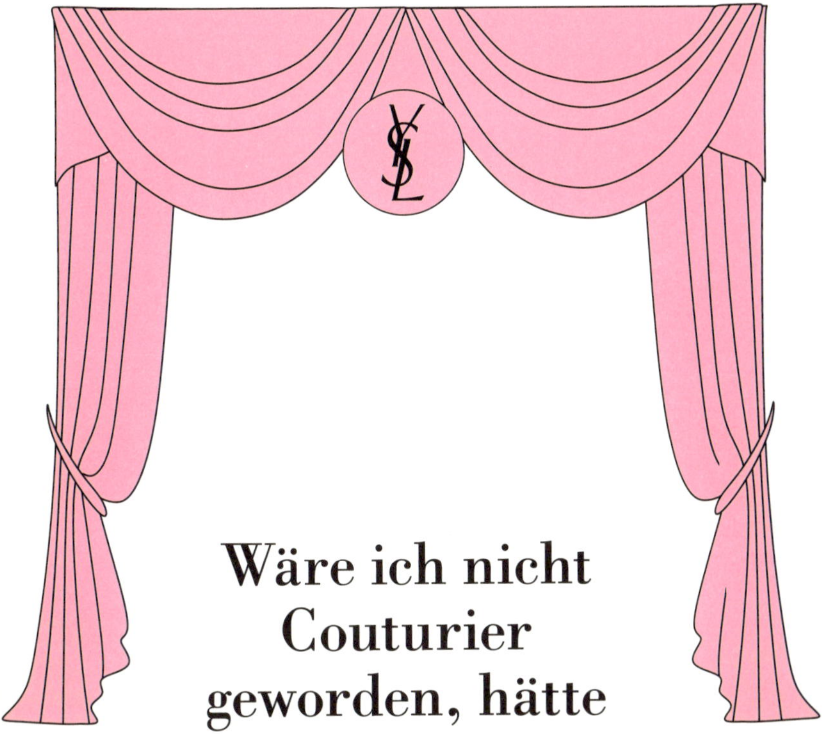

Wäre ich nicht
Couturier
geworden, hätte
ich mich sicher
dem Theater
zugewandt.

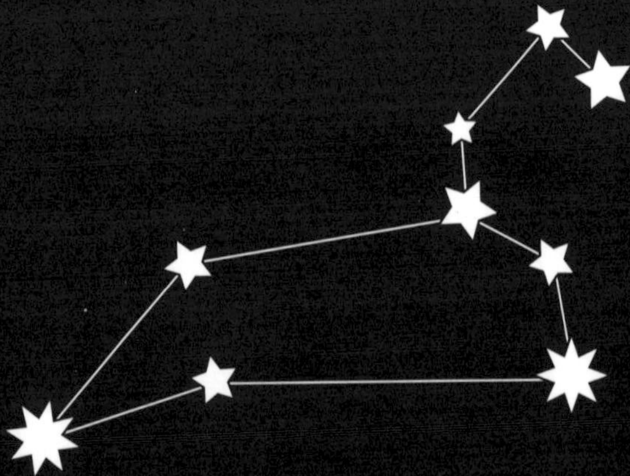

Die Zukunft?

Ich denke nie daran.
Ich weiß, dass ich eine Zukunft habe.
Sie wartet irgendwo auf mich,
und ich gehe ihr entgegen.
Das ist schon alles.

Ob ich etwas bereue? Nein, ich bereue nichts … Trotzdem tut es mir weh, dass die Zeit vergeht, dass so vieles niemals wiederkehren wird.

★

Ich habe 40 Jahre gebraucht, um mich zu finden, und manchmal suche ich immer noch.

★

Im Lauf dieser Jahre habe ich mehrere Depressionen durchgemacht, doch ist es mir immer gelungen, sie zu überwinden. In mir sind eine Kraft und eine wilde Entschlossenheit, die mich zur Hoffnung führen, zum Licht. Ich bin ein Kämpfer und ein Sieger.

★

Wenn ich zurückblicke, sehe ich meine Jugend wieder, meine Herumtreiberei, die verrückten Nächte. Und ich schmunzle.

★

Vor dem Tod habe ich keine Angst. Ich weiß, dass er im nächsten Augenblick eintreten kann, doch – und das ist seltsam und zweifellos auch egoistisch – glaube ich nicht, dass er mein Leben beeinflussen könnte.

Ich habe viele Ängste überwunden, viele Höllen durchquert. Ich kenne die Furcht und die entsetzliche Einsamkeit. Falsche Freunde, die wie Beruhigungs- und Rauschmittel sind. Den Kerker der Depression und den Kerker der Kliniken. Aus alldem bin ich stets wieder herausgekommen, verwirrt, aber ernüchtert.

★

Von Marcel Proust habe ich gelernt, dass »die glanz- und jammervolle Familie der Nervösen […] das Salz der Erde« ist. Ohne es gewusst zu haben, bin ich Teil dieser Familie. Es ist die meine. Ich habe mir diese fatale Abstammung nicht ausgesucht, und doch habe ich ihr meinen Aufstieg in den Himmel der Kreativität zu verdanken und dass ich die Feuerdiebe kennengelernt habe, wie Rimbaud sie nennt, dass ich mich gefunden habe, dass ich begriffen habe, dass die wichtigste Begegnung im Leben die mit sich selbst ist. Die schönsten Paradiese sind jene, die man verloren hat.

Ich werde euch nicht vergessen.

Yves Saint Laurent

Abschiedsrede vom 7. Januar 2002

QUELLEN

ZEITUNGEN, ZEITSCHRIFTEN

Air France Madame, Arts, Candide, Dépêche Mode, Dutch, Elle, L'Express, Le Figaro, Focus, Gala, Glamour, Globe, L'Insensé, Interview, The Japan Times, Jardin des Modes, Life Magazine, Madame Figaro, Marie Claire, Men's Wear, Le Monde, New York Magazine, Le Nouvel Observateur, The Observer, Paris-Match, Le Point, Point de Vue, Saga, Tatler, Témoignage Chrétien, Vogue Magazine US, Vogue Magazine Paris, Women's Wear Daily, 20 ans.

★

BÜCHER

Histoire de la Photographie de mode (Nancy Hall-Duncan, Éditions du Chêne, 1978) • *Yves Saint Laurent et le Théâtre* (Éditions Herscher – Musées des arts décoratifs, 1982) • *YSL par YSL* (Éditions Herscher – Musée des arts de la mode, 1986) • *Histoire technique et morale du vêtement* (Maguelonne Toussaint-Samat, Bordas, 1990) • *Yves Saint Laurent* (Laurence Benaïm, Grasset, 2002–2018) • *Yves Saint Laurent, 5 avenue Marceau 75116 Paris* (David Teboul, Éditions de La Martinière, 2002) • Ausstellungskatalog *Yves Saint Laurent, Dialogue avec l'art* (Fondation Pierre Bergé – Yves Saint Laurent, 2004) • *Yves Saint Laurent Style* (Éditions de La Martinière, 2008) • Ausstellungskatalog *Yves Saint Laurent* im Petit Palais (Florence Müller, Farid Chenoune, Fondation Pierre Bergé – Yves Saint Laurent, Éditions de La Martinière, 2010) • Ausstellungskatalog *L'Asie rêvée d'Yves Saint Laurent* (Musée Yves Saint Laurent Paris, Éditions Gallimard, 2018).

★

FERNSEHSENDUNGEN

Ausstrahlung DIM DAM DOM, TV-Nachrichtensendungen von ORTF, Fuji TV, Archives INA.

★

DOKUMENTARFILME

Yves Saint-Laurent, le temps retrouvé und *5, avenue Marceau, 75116 Paris* von David Teboul.

★

ABSCHIEDSREDE von Yves Saint Laurent, vom 7. Januar 2002.

ARCHIV des Musée Yves Saint Laurent Paris.

★

DIE AUTOREN

Der Schriftsteller und Journalist Patrick Mauriès ist Autor zahlreicher Bücher, Essays und Artikel über Kunst, Literatur, Mode und dekorative Kunst. Er beschäftigte sich mit kreativen Persönlichkeiten wie Piero Fornasetti, René Gruau oder Line Vautrin und verfasste Bücher über so unterschiedliche Modeschöpfer wie Jean-Paul Goude, Christian Lacroix und Karl Lagerfeld.

Jean-Christophe Napias ist Autor und Herausgeber und schrieb zahlreiche Bücher über Paris. 2009 gründete er seinen eigenen Verlag l'editeur singulier.

Gemeinsam veröffentlichten Mauriès und Napias *Karl und wie er die Welt sah*; *Coco und wie sie die Welt sah*; *Choupette. Aus dem Leben einer Katze an der Seite von Karl Lagerfeld*; *Fashion quotes* und *Christian Dior und wie er die Welt sah*.